Curation

キュレーションの時代 ——
「つながり」の情報革命が始まる

策展的時代

為碎片化資訊找到連結

佐佐木俊尚（Toshinao SASAKI） 著
郭菀琪 譯

經營管理 98

Curation策展的時代

為碎片化資訊找到連結

(原書名：Curation策展的時代：「串聯」的資訊革命已經開始！)

作　　者　佐佐木俊尚（Toshinao SASAKI）
譯　　者　郭菀琪
封面設計　黃維君
內頁排版　張彩梅
企畫選書　文及元
責任編輯　文及元
行銷業務　劉順眾、顏宏紋、李君宜

總 編 輯　林博華
發 行 人　凃玉雲
出　　版　經濟新潮社
104台北市中山區民生東路二段141號5樓
電話：(02)2500-7696　傳真：(02)2500-1955
經濟新潮社部落格：http://ecocite.pixnet.net
發　　行　英屬蓋曼群島商家庭傳媒股份有限公司城邦分公司
104台北市中山區民生東路二段141號11樓
客服服務專線：02-25007718；25007719
24小時傳真專線：02-25001990；25001991
服務時間：週一至週五上午09:30~12:00；下午13:30~17:00
劃撥帳號：19863813　戶名：書虫股份有限公司
讀者服務信箱：service@readingclub.com.tw
香港發行所　城邦（香港）出版集團有限公司
香港九龍九龍城土瓜灣道86號順聯工業大廈6樓A室
電話：(852) 25086231　傳真：(852) 25789337
E-mail: hkcite@biznetvigator.com
馬新發行所　城邦（馬新）出版集團 Cite(M) Sdn. Bhd. (458372 U)
41, Jalan Radin Anum, Bandar Baru Sri Petaling,
57000 Kuala Lumpur, Malaysia.
電話：(603) 90563833　傳真：(603) 90576622
E-mail: services@cite.my
印　　刷　漾格科技股份有限公司
初版一刷　2012年11月15日
二版一刷　2023年11月2日

城邦讀書花園
www.cite.com.tw

ISBN：9786267195468、9786267195482 (EPUB)

定價：370元

【策展（curation）】

從如恆河沙數的資訊洪流中，基於自己的價值觀與世界觀淘選資訊，賦予新意並與眾多的網友共享。

【推薦序】

人人策展、人人是伯樂

——揭開數位策展時代的序幕

文／劉奕成

常常浮潛於電影、表演藝術及視覺藝術活動中，認識許多有趣的人。有一天，突然接到電話詢問我是不是前輩藝術家郭柏川展覽的策展人。

我笑笑回答：「那真的只是同名同姓。」

有一位藝術家說：「如果你真的去當策展人，也不會讓人意外。因為，你發掘了不少導演、編劇還有藝術家；其實，你早就是個策展人了。」

坦白說，在我心目中，「策展人」有著很崇高的地位，雖然我在TEDx Taipei（＊編按）的活動中擔任過策展人，但是離我認知的「策展人」標竿，還有好幾光年的距離。

要了解「策展人」，要先對Curation（策展）這個字有所了解，這個字源出於拉丁文，是保存、保護之意。Curation的字源譜系中，最常被使用的字是Curator（策展人），原本是指在保存文化遺產的機構，像是畫廊、圖書館或博物館，負責蒐集文化遺產，並為觀賞者解說這些文化遺產的人。

但是，Curator這個字以「策展人」的雅稱，在台灣逐漸為人所熟知，歸功於當代藝術（Contemporary Art）。當代藝術就是「觀念藝術」，「策展人」除了選擇展品之外，更費心安排展覽、撰寫材料，希望能傳達創作者的理念，「策展人」的地位，由此更顯舉足輕重。

於是，「策展人」似乎比「策展」更常被提及。好的策展人，就如同好的電影製片、餐廳經理一樣難尋。策展人、製片人與經紀人並非創作者，在他們各自的領域中，藝術家、導演、大廚才是真正的創作者；但是，在創作及展演上下游整合的現代環境中，策展人、製片人與經紀人更成為不可或缺的資源整合者。

當數位時代轟轟然來臨，策展的意義更廣了，自然衍生出Digital Curation（數位策展）等蔚為風潮的新字。時自今日，如果向谷歌（Google）大仙求教Curation一詞，十有六七指的是數位策展。

而這本由佐佐木俊尚執筆的小書，就是從傳統意義的策展，一路迤邐到「數位策展」，連原先僅有卻已模糊的實體與虛擬的界限，也被無心撞破。

傳統上，「策展」只在解釋說明原創者的觀點，但是在數位時代，「策展」除了過濾資訊，還要「賦予」觀點，找出脈絡，因此策展這件事，已經不再是協助觀賞者了解創作者的創造脈絡（古代文物的策展），也不只是進步到了解創作者的觀點（當代藝術），更進一步由策展人賦予創作者原先不經意的自我揮灑更多的觀點意涵。因此，策展人在數位策展時代，可說是已經參與創作本身。

因此在數位時代，策展人已經從以往漫步在雲端，不著痕跡的翩然出現在你我周圍，只要您在內容領域能夠獨具慧眼，像伯樂一樣找到具有潛力卻尚未發光發亮的千里馬；或者你是創意發想者，善於「重組價值、重新定義商業模式、賦予新的意義」，或者你是神槍手，深知如何「一槍命中」，針對最重要的目標族群做到最準確的訊息到達；那你就是「策展人」。

在我微小卻有趣的生活實踐中，二〇〇七年，我在《海角七號》籌拍期間，就看到了魏德聖導演隱隱發出的光芒，廣義上來說，就是策展人。二〇一二年四月，從《小日子》雜誌創刊起，我們不經意地進行了紙本的策展，讓渴望想過理想生活的閱聽者，尋得應許之地，這也是策展人。在這個名為《小日子》雜誌的平台上進行策展的過程中，我們「從資訊汪洋中篩選、加值、傳播、分享」，並且針對目標族群精準地做到訊息到達，把資訊確實送到有需求者的眼前，這是傳統意義中編輯的工作，也符合目前對於策展人的定義。

所以在這個年代，人人都可以是策展人，只要你有眼光，有觀念，都可以在生活中小小實踐，或在專業中大顯身手。翻開這本書，尤其是第三章，你的世界將為之顛倒，你我從傳統的觀影者，得以搖身一變為策展人。雖然口氣大了點，你我皆不寂寞，這個時代，人人可以為伯樂，人人可為策展人。

（本文作者為台灣頂級職業大聯盟〔TI League〕副會長）

【*編按】TED的三個字母分別代表科技（technology）、娛樂（entertainment）與設計（design），是一個跨領域的智庫、對話的平台，以及實現創意的舞臺。其魅力在於每一位發表者以十八分鐘的演講發表演說，成為科技、創意與新知的重要來源。二〇一二年四月，本文作者參與TEDx Taipei策展，並以〈小文藝復興及微型創業〉為題發表演講。

【推薦序】

原因終究還是，人。

文／黃哲斌

在我閱讀本書書稿之際，臺灣發生了兩件，極富對比意義的事。

一個日本樂團FRYING DUTCHMAN，二〇一一年在京都鴨川畔，露天即興演出，主唱在團員的樂器伴奏下，發表了十九分鐘的反核演說，其間夾雜著動人的演唱，呼籲日本人民覺醒廢核。

整個表演過程中，駐足聆聽的群眾不過數十名，來來往往頂多幾百人，但隨團拍攝下來的影音記錄，在YouTube上，分為錄音檔與影音檔，超過一百萬人次點閱，另被譯為英文、德文、法文等的多種字幕版本。

二〇一二年十月十八日，這段YouTube影片也被加上中文字幕，在台灣網路廣為流傳，光是透過我的臉書，就被轉分享三百多次。此外，短短六天，七萬六千多人次點閱這段影片，導演戴立忍、五月天瑪莎也加入分享。

約略同時，陸委會在二〇一二年耗費新臺幣五百多萬元，委託民間公司經營的臉書帳號，雖然粉絲超過十二萬人，遭立委批評單篇發文頂多四十五人按讚，有的甚至只有十人，進而質疑政策溝通成效。

這是兩個極端的例子，卻每天在我們身邊發生。我們身處一個充滿想像與可能的網路時代，人際與社群脈絡的滲透性與速度，吸引無數人進入競逐眼球、競逐指尖的虛擬戰場，包括非營利團體，大企業，與政府。

然而，當政治或商業組織習慣性以「經營績效」作為關鍵指標，就註定極易走進錯誤的巷弄，註定在網路此一「無組織的組織」場域，他們極難與年輕的網路世代競爭。

且以陸委會為案例，第一，當你在臉書搜尋「陸委會」或「行政院大陸委員會」，你將一無所獲，因為該會帳號名稱是落落長、極度不直覺的「門打開，阮顧厝——以臺灣為主、對人民有利」，而這完全違反網路搜尋原則。

第二，該帳號雖有超過十二萬名粉絲，但「臉書粉絲數」並非可靠指標，因為會員人頭可以灌水賣賣，因為成為臉書專頁粉絲不代表認同，不代表好感，更不代表積極參與。就連立委質疑的「文章按讚數」，也不是社群傳播的最重要指標，真正能反映網路意見強度的數字，是「轉分享」。

我常形容，「真正動人的文章會長腳」，真正讓人感動、憤怒、哀傷、奮發的文章連結，無論是新聞或部落格或影片，會大量出現在你的臉書塗鴉牆，或Twitter時間軸，或噗浪河道上。以往，每天最重要的頭條新聞在報架上；如今，最重要的頭條新聞，往往是社群網站上最多人轉推的文章。

本書第二章「再見了！過度強調表象的大眾消費時代」，給我們一個極好的註解。章末以大型連鎖唱片行HMV澀谷店結束營業為例，並借用獨立音樂人加藤孝朗的分析，指出HMV澀谷店曾是日本流行音樂文化的大本營，曾經，「具有高度意識與良好品味及熱誠」的企劃人員與店員，主導了店內的場景氛圍，手寫的解說海報、各自獨立的音樂企劃、充滿熱血的陳列方式，成為音樂愛好者眼中的另類媒體。

近年來，HMV總公司為了營造美觀統一的風格，手寫POP一律被精美的印刷POP取代，全日本的分店同步一致，而且與店頭看板都納為「宣傳資源」，變成與唱片公司行銷談判的交易之一，分店採購人員不再具有自主性，只是機械性的上架下架工具，「原本光芒四射的HMV澀谷店，已經變成毫無個性冷冷清清的一家店了」。

這故事，正是網路時代的多重寓言，工具是死的，操作術是死的，自說自話的單向宣傳是死的，文創、網路行銷、雲端、APP等熱門關鍵字都是死的；唯有多元性，自主的熱情，不受壓抑的事件本質，富具魅力的個性與靈魂，才是網路時代最強大的社群推力。

或者，就像加藤孝朗在部落格上，對ＨＭＶ澀谷店的評論：

「下載或亞馬遜，都不是關店的原因。原因終究還是，人。原因終究還是，音樂。」

（本文作者為新聞工作者）

目次

CURATION策展的時代

第二章　再見了！過度強調表象的大眾消費時代　073

第三章 「在觀點打卡」的新典範 143

第四章 策展的時代 201

前言

約瑟夫・約克姆的故事

約瑟夫・約克姆〈美國海軍隊伍與商船〉1969年
Photo courtesy Fleisher／Ollman Gallery, Philadelphia

約瑟夫・約克姆（Joseph Yoakum，一八八九至一九七二年）以漂泊者身分度過了大半生。擁有黑人、美洲印地安原住民及法裔白人血統的他，出生於美國密蘇里州，隨著加入馬戲團在美國大陸四處遊歷甚至遠達歐洲。返鄉結婚後，旋即被徵兵投入第一世界大戰，大戰結束後直接繼續四處遊蕩，再也不曾回過故鄉。

當時正值從大戰邁入經濟大蕭條的動盪時代，而約克姆的一生正是「流民」（Hobo）的最佳寫照。出現在二十世紀初拓荒時期的美國社會上的「流民」，其實就是居無定所的流動勞動人口，他們利用正在修築的基礎建設中的鐵路網，搭列車的霸王車在全美國四處遊歷，一邊擔任臨時工一邊不斷四處流浪。流民在北美廣袤無邊的大地上不斷漂泊的生活中產生了某種浪漫美學意識，其後，在美國文化中以「流浪」為主題誕生了各種小說、詩、音樂及繪畫。例如：傑克・凱魯亞克（Jack Kerouac）的《在路上》（*On the Road*）、巴布・狄倫（Bob Dylan）的經典名曲《飄在風中》（*Blowing in The Wind*）、電影《逍遙騎士》（*Easy Rider*）均淵源於此。

但是，約克姆只是單純的流浪漢，不是音樂人、不是作家也不是畫家。他的一生幾乎過著一般市井小民的生活，除了家人及少數的朋友之外，任何人都不會多看他一眼。直到快八十歲時，依舊是沒沒無名的人。

但是，卻因為僅僅一次的偶然邂逅，在歷史上留名流傳至今。

激起對流浪的渴望

讓我們更詳細地探究他的一生。

約瑟夫・約克姆出生於十九世紀末，確切的誕生年份眾說紛紜、沒有定論，大約在一八八九年左右。他的父親是非洲裔黑人與印地安美國原住民的混血兒，而他的母親則擁有法裔白人與印地安美國原住民、黑人的血統，因此，約克姆其實有著多種族的血統。

自孩童時期開始，約克姆就喜愛繪畫，經常說「我繼承了納瓦霍族（Navajo）的血統」並引以為傲。眾所皆知，納瓦霍族印地安人熱愛美學而且禮遇族中的藝術家，「人類的最終使命是創造出『美』，並在『美』的圍繞之下，度過每一天」是納瓦霍族的族訓。

不過，約克姆其實是美國印地安原住民切羅基人（Cherokee）與克里克族（Creek）的後裔，實際上並沒有納瓦霍族（Navajo）的血統。

約克姆的人生是一段旅程接著一段旅程的漂泊。原生家庭一貧如洗，出生當時，美國中西部發生了嚴重的乾旱，農作物歉收，許多將房子與土地當作債款抵押的農夫們被迫離開家鄉。從鐵路員轉而務農的約克姆的父親，也未能倖免於這段悲慘的經歷。

九歲時約克姆已離家出外，在馬戲團中負責打磨馬鞍的工作，他從父親那裡聽到十九世紀中葉的鐵道迷風潮，身為鐵路員一個接著一個的旅程不停移動的自由、快樂以及對鐵路的熱愛，也激起他對於流浪的憧憬。約克姆輾轉在許多的馬戲團中工作，不久之後就因此而遍遊整個北美。在工作上，沒多久就從磨馬鞍工人升職為張貼海報的人員。

馬戲團是讓人感覺舒適的地方，同伴都是心胸寬大、待人公平又崇尚自由的人，一起過著嚴峻的戶外生活，被迫做苦役，正因如此，彼此成了凝聚力很強的夥伴。在這樣的環境中，約克姆長大成為外型英俊，腦筋動得快又聰敏伶俐的年輕人。

和馬戲團夥伴們一起遊歷的美國蠻荒大地，美景盡收眼底——

充滿崢嶸岩石的景色。

深邃的針葉樹林。

遙遠的地平線。

不久後，約克姆也到國外遊歷，英國、義大利北部、德國南部、奧地利、巴爾幹半島的蒙特內哥羅、俄羅斯還有中國、中南美，這些異國土地的景色深深烙印在他的腦海中。

約在十八歲時，他回到家鄉，並和附近農夫的女兒麥朵結婚。麥朵大他兩歲，他們的婚姻是現代所謂「先上車後補票」。

婚後一開始的四年，麥朵生了三名子女，生活非常拮据，再加上他住處附近一帶被大洪水淹沒，而且當時黑人就業有許多限制，除了農業以外幾乎都沒有什麼好的工作可以做，只能從事一些挖水溝、修築道路、熔礦爐的生火人、在採石場的石頭搬運工、挖掘煤礦等這類重度勞動的工作。

前往戰地

一九一四年，第一次世界大戰爆發，二十四歲的約克姆也被徵兵加入美軍的行列，成為來自美國的七十四萬新兵中的一員。然而即使在軍中，黑人的地位仍受到貶低、壓抑，大部分的黑人士兵都被編入工兵及搬運貨物的部隊，在軍中擔任像臨時工一般的重度勞動工作。

約克姆所屬的第八〇五工兵部隊負責興建、修復最接近前線的道路或橋梁、鐵軌。曾經在修復因轟炸而受損的道路時遭遇德國空軍的猛烈轟炸，當時沒有防禦措施，就連受傷的士兵也不予後送就醫，直接棄置原地。即使如此，約克姆所屬的工兵連弟兄都一邊唱歌、一邊在炸彈接連不斷轟炸之危險中，持續修補道路一整夜，就為了早上白人的部隊能夠通行——。

看見這樣場景的白人部隊都目瞪口呆，對於工兵連「在這樣嚴峻的情況下竟然還引吭高歌」，感到非常訝異。

黑人士兵受到白人士兵相當殘酷地對待，也曾有黑人士兵只是對白人長官高喊一句：「不要像對待狗般對待我們！」，就被懲處三個月的重度勞役。

約克姆在駐軍法國的期間，也經歷了相同的體驗，自身受命進行運水的辛苦勞務，卻看見下令的白人士官悠閒地躺著休息，不假思索地怒喝道：「喂！在那邊閑躺著的傢伙，我自己的工作已經做完了，如果還想叫我運補更多的水，就先把我抓去關禁閉好了。不過，我退伍一定立刻找你算帳！」

約克姆立刻被送交軍事審判，被處以六個月重度勞役及刪減三分之二的薪水的刑罰。

儘管在入伍期間充滿這類的屈辱經歷，歐洲的軍旅生活，依舊再次點燃他對於流浪的熱情。

離開軍伍後，約克姆直接去流浪，第一次大戰結束後，也未曾回到妻子身邊。

他也許可以說是個天生的孤獨主義者吧？在之後長達十八年間，他與妻子及子女完全斷絕聯繫。

對於約克姆的子女而言，這種離家的行為造成很大的心靈創傷，因此，當母親麥朵再婚時，他們立即改從繼父的姓氏，之後經過了相當長的歲月，子女們才能理解父親的想法。

約克姆的晚年，他的長子約翰（John）終於原諒父親，並說了以下的話：「我的生父是印地安人，他無法生活在有屋頂的房子裡。」

第一次大戰結束後的一九二〇年代，約瑟夫．約克姆在美國各地流浪並從事各種工作，像是鐵路勤務員、摘蘋果工人、商船的船員等。

七十歲繪畫天分甦醒

在一九二〇年代末期，約瑟夫．約克姆最後來到了俄亥俄州的辛辛那堤一帶，並受雇於印刷馬戲團海報的大型印刷公司，幾年後落腳於芝加哥，而且這個城鎮成為他安息的地方。

終於，結束浪跡天涯的日子，漫長的流離在此畫下句點。

他在芝加哥輾轉從事過守衛、汽車修護工、木匠、鑄造場的工人等工作，並與弗洛依再婚，最後在芝加哥的街角經營一家冰淇淋商店。

然而，在二次世界大戰結束之際，他的精神病發作而不得不住進軍醫院，沒多久妻子也過世，之後他辭掉工作，靠著少得可憐的軍人年金與失業保險金，安靜地過生活。

約克姆開始繪畫，是年過七十以後。

因為夢見黎巴嫩街道的景色，醒來後他想將夢中的風景留下，開啟了他的繪畫生涯，後來他開始集中精力描繪年輕時遊歷過的北美蠻荒風景。

樹叢林立的山丘、蜿蜒的海岸、高聳尖銳的山峰等等，運用纖細的線條及大膽的構圖形成一幅幅畫作。

他未曾想過要拿畫去賣或是要成為藝術家，只是年過七十歲，已到知天命的年紀，想將存在過去回憶中的印象風景親手以繪畫形式留下紀念，就只有這樣單純的想法，驅使他持續作畫。

他住在芝加哥南邊八十二號街的住商混合大樓中。在混雜著電視修理店、洗衣店、美容院等商店的大樓裡，租下一間小而安穩的二房公寓。走道掛著簾子，隔開狹小昏暗的起居室兼工作室及臥室與廚房，起居室裡擺放兩張沙發，還有已經褪色的土耳其風織布包覆的安樂椅，還有老舊電視、金屬製的工作台、書架、層層疊疊的畫作、堆積如山的垃圾。

每當完成一幅畫作，他就會用洗衣夾吊掛在玻璃窗邊，就這樣，無意間讓來來往往的行人都能一覽無遺。

「這可是驚人的大發現！」

就在這樣如常的某一天，某人從約克姆家前面經過。

他是在芝加哥大學經營咖啡廳的約翰．霍普古德（John Hopgood），他同時也是長老教會的牧師。

吊掛在窗玻璃上的畫作吸引了他的目光，不假思索地停下腳步。

因為，霍普古德注意到山丘與樹木的描繪方式與眾不同、獨具一格。

具有人類學素養的霍普古德注意到約克姆的畫作中帶有類似「前哥倫布時期」（譯註：又稱印地安時期）的元素。所謂的「前哥倫布時期」是指在哥倫布登陸美洲大陸的十五世紀之前的文化時期，包含了墨西哥古文明、馬雅文明、安第斯文明等的美洲先住民時代。霍普古德認為，這時期特有的原始質樸的藝術特質在約克姆畫作中擁有共通點，他想：「說不定，我有了不得了的大發現！」而興奮不已。當下他立刻買下二十二幅約克姆的畫作，並力邀約克姆在自己經營的咖啡廳舉辦個展。

約克姆根本搞不清楚是怎麼一回事，自然也就無異議地接受提議。於是他們企畫展覽，展出四十幅作品，令人驚訝的是，在開展四星期之內，便已經賣出了三十幅畫作。

銀河出版公司（Galaxy Press）社長湯姆・布蘭德（Tom Brand）參觀這場畫展，這成為日後約克姆從素人藝術家進入主流藝術圈的契機。本身也是畫家的布蘭德，看到約克姆的印象風景與出色的重複描繪、不可思議的透視畫法，完全拜倒在約克姆獨樹一幟的畫風之下。

布蘭德將在約克姆作品中所感觸到的驚豔，四處引薦給芝加哥藝術界的友人們，讓他們也能體驗，其中也包括《芝加哥每日新聞報》（*The Chicago Daily News*）記者諾曼・馬克（Norman Mark），馬克立即為約克姆的畫展寫了報導，報導中引用抽象派畫家喬丹・戴維斯（Jordan Davis）如下的評論：

「約瑟夫・約克姆，其作品遠勝過摩西奶奶（Grandma Moses），更為出色。」

摩西奶奶（Anna Mary Robertson Moses，西元一八六〇至一九六一年）是一位過了七十歲後才開始繪畫生涯的素人藝術家，筆下描繪美國早期的優美景象，擁有超高人氣。

約克姆畫作擁有強烈鮮明的個人風格，幾乎源於年輕時四處遊歷時期的追憶。直到八十歲去世為止，在這段非常短暫的晚年繪畫生涯中，竟遺留下高達二千幅的作品。

後來，紐約著名的惠特尼美術館（Whitney Museum）舉辦遺作展，約克姆成為名聲卓著的藝術家而名垂青史。

事實上，當約克姆晚年回憶過往時曾說：

「我想都沒想過自己的畫作會有什麼價值！」

創作者與發掘者——千里馬與伯樂的新關係

無庸置疑地，就連約克姆本人都沒有察覺自己作品具有某種意義的價值。他的作品之所以會被視為藝術創作，是起因於霍普古德偶然經過約克姆的家門前，注意到他的畫作。

如果說霍普古德沒有偶然經過約克姆的家門前，結果究竟會如何呢？

說不定，約克姆將不會被任何人發現，就只以一個平凡老人的身分度過餘生吧？

當然，即使如此，約克姆仍舊會是一位自得其樂、安穩幸福的平凡老人吧？

然而，因為被發掘使得他從一位平凡老人一躍而變成傑出的藝術家，儘管他本身並不曾為了「成為藝術家」刻意地做過什麼努力。

就這個意義來看，約克姆的作品構成的藝術，可以說不是單憑約克姆一己之力，而是與霍普古德「共同創作」的成果吧？

創作者，以及發掘者。

這就是約克姆與霍普古德二人之間的關係。

如果沒有創作者，當然，也無從發掘；然而若沒有慧眼獨具的發掘者，創作絕對就會不為人知。每當我們「看見什麼？」「對什麼樂在其中？」時，其中通常包含「創作」與「發掘」這二個行為。

在繪畫的領域裡，以往是「科班出身、循著正規教育學習美術」、「深入學習美術技法」、「了解不同時期美術史和各種流派，進而發表自己作品」這類的專業創作者占了絕大多數；然而，從進入二十世紀開始，大量出現像約瑟夫・約克姆一般「從未受過美術教育」、「不曾學習過任何技法」、「完全不了解美術史」，再加上「完全沒有將自己的畫作敲鑼打鼓向世人發表的企圖」的業餘創作者，這些「素人」的畫作獲得藝術界認同的情況愈來愈多。

業餘人士成為創作者，「素人上臺」的時代已經來臨！

這樣的情況舉世皆然。加上網際網路的普及化、「素人」的創作與表現日益增多，全球各地不時上演素人創作獲得認同的戲碼。

在這樣的全球浪潮中，為了產生優秀的藝術作品、精采的文章或動聽的樂曲，光靠有「創作人」是很困難的。

霍普古德發掘約克姆令人驚豔的作品，就如同「千里馬」和「伯樂」之間的關係一樣。

今後的世界將進入這種「創作者」與「發掘人」彼此賞識、互助合作，共同營造一個特定氛圍的世代。

本書將描述這種新關係，將如何改變我們的社會。

第一章

無數的社群誕生

象徵二十一世紀消費行為的吉斯蒙提公演，二〇〇七年於日本東京。photo © numa

以往資訊就像汨汨巨流奔騰在名為「大眾媒體」（mass media）的大海中。當時，「資訊在哪裡？如何傳遞？」大家都能明確看見。

「電視節目裡有播過這樣的事。」

「本月雜誌的特集是〇〇。」

「看過今天的《日本經濟新聞》的頭版了嗎？」（編按：《日本經濟新聞》為財經專業報紙，類似臺灣的《工商時報》、《經濟日報》）

流通的資訊雖然量少，但就「大家都在閱讀、觀看」的層面來說，大眾媒體擁有的資訊流通管道實在太大了。不過，從這個巨大管道中泉湧而出的資訊，如今已經不受大眾青睞或理睬。畢竟，資訊領域愈來愈分眾化，對資訊敏感的人們都不再從報紙、電視、雜誌蒐集資訊了，而是看部落格、或是從討論或口碑網站上涉獵，還有跟隨某人的推特上的推文等，可採用各種方法以個人喜好方式，蒐集如小溪般涓涓細流傳來的資訊。

但對於想傳遞資訊的人而言，這就是煩惱的根源。廣告業者們一直為「群眾在哪裡？在哪裡能讓大家看見我們的廣告？」感到困惑，大眾媒體的記者、編輯或導演們，對於「究竟我們的資訊傳達到哪裡？又傳給誰了？」總是百思不得其解。

然而，另一方面，多數人們正利用部落格、推特、社群媒體等享受自己的生活與蒐集資訊，並製作形形色色不同的社群與其他網友（俗稱鄉民）交流，引為人生一大樂事。所以會認為：

「哪有必要非得看那些大眾媒體的廣告或報導呢？資訊已經夠充足了啊！」

這其中恐怕隱含有非常嚴重的誤解。

本章將從一個故事開始說起。

這個故事，是關於一位巴西的音樂家，以及一名日籍經紀人將他引進日本舉辦演唱會的故事。

巴西出身的傳奇音樂家

艾伯托・吉斯蒙提（Egberto Gismonti）是巴西音樂家，具有卓越超群的演奏技巧，加上讓聽眾猶如能深入自身精神世界漫步般深邃的音樂風格，製作出如猛力刺入腦神經般的樂音。

他是多弦吉他與鋼琴的演奏名家，從古典音樂到巴西流行音樂、爵士等等廣泛結合不同類型元素的音樂風格，音樂色彩繽紛而多樣，實在難以言喻。如果有人覺得「我沒聽過那樣的音樂」，請務必上YouTube搜尋看看。已經有很多的相關影片被上傳分享。

吉斯蒙提出生於巴西里約熱內盧的郊區，父親是黎巴嫩人、母親則是義大利人，因此他從小就在民族文化豐富多元的音樂世家中成長，五歲開始學鋼琴、十歲以後開始也學習長笛、單簧管與吉他。

二十歲時，吉斯蒙提遠渡巴黎加入瑪麗・拉福萊（Marie Laforêt）的地下樂團著手編曲及指揮，拉福萊是曾經飾演一九六〇年由亞蘭・德倫（Alain Delon）領銜主演的電影《陽光普照》（*Plein Soleil*）中女主角「瑪姬」（Margre Duval）的女演員，之後雖然也陸續演過幾部電影，但一直未能有代表作，於是到了一九六〇年代末期，開始逐漸轉型為香頌（chanson）歌手（譯註：法國流行歌手），吉斯蒙提在一九六九年加入拉福萊的樂團，當時正值拉福萊轉型以音樂為表演主軸之際。

吉斯蒙提人生的轉捩點，就是這段在巴黎時期師事娜迪亞・布朗蕊（Nadia Boulanger，一八八七年至一九七九年）的時期，在古典音樂領域中，布朗蕊以「二十世紀最重要的音樂啟蒙者之一」著稱，尤其她影響了多位美國音樂家，現代音樂中抒情新古典主義的音樂，就是誕生自受她影響的弟子之手。

吉斯蒙提讓個人的世界延展，加入巴西的流行樂及亞馬遜原住民的民族樂音，進而建構出嶄新的樂音世界，一般認為，應該是受到布朗蕊的影響。布朗蕊告訴吉斯蒙提，不要只沉浸在正統的古典音樂領域中，而要主動引發帶入潛藏在自身身上屬於巴西大地的感覺，還勸他要再次回到巴西。

吉斯蒙提於是結束為期四年的巴黎生活，於一九七一年回到巴西。

然而，當時的巴西正籠罩在軍人獨裁政權強力鎮壓人民的風暴當中，徹底鎮壓反體制運動，在巴西國民的窮困生活持續當中，消滅了四處接連爆發的城市游擊戰與革命運動，進一步硬將低工資勞動制度化，藉此成功導入外資，表面上達成高度經濟成長，這就是連國際各國都讚譽有加的所謂「巴西奇蹟」。

由於當時巴西的貧富差距日益擴大，對軍事政府的批評聲浪也日益升高，進駐巴西的跨國企業強奪農村土地，導致農民放棄耕作進入都市討生活，貧民區的面積不斷急速擴大。進入一九七〇年代之後，好不容易達成的高度經濟成長因為石油危機而急速下滑，巴西淪為國際上少數的債務大國之一，經濟惡化到一個月的通貨膨脹率超過百分之百。

吉斯蒙提歸國時，巴西正處於這一段非常悲慘的時期。

但是，他的音樂風格在這樣的時代背景中反而愈來愈尖銳，一九七七年他發表的專輯《閃耀的水》（*Danca das Cabecas*）大賣二十萬張，這張與敲擊像古代日本太鼓的打擊樂器的巴西打擊樂手娜娜・凡斯康賽洛絲（Nana Vasconcelos）共同合作的專輯，結合古典音樂與巴西音樂並融入於亞馬遜原始世界，讓它們共處一室以創造出不可思議的境界，使人宛如墜入與樂音一起深入悶熱潮濕的熱帶雨林中的錯覺。

實在不知道該將這種音樂歸到什麼類別，說是古典樂的話也算是古典樂，說像爵士樂的話也有爵士樂的特色，不，是不是該稱為世界音樂呢？當時聽過這張專輯的專業樂評家們好像也有和我一樣的感覺，所以，《閃耀的水》這張專輯才會贏得流行音樂、古典音樂、民族音樂等不同領域的獎項。

更寬廣的「音之樂」：我們一起走在「大串連」的路上

這張專輯問世的隔年，也就是一九七七年，吉斯蒙提為了更加深入探索巴西音樂的精神，深入亞馬遜雨林，與當地原住民一起生活，進入更深層的「音之樂」的境界。

一九八六年，發行名為《靈魂》（*Alamh*，葡萄牙語）專輯為例，幾乎單以鋼琴獨奏所構成，沉浸在吉斯蒙提豪放不羈揮灑自如的鋼琴樂音中，直接用身體感受並體驗超脫音樂領域的那股音樂本身所具有的力量的感覺。

已故的小野好惠（Yoshie ONO）是日本頗負盛名的爵士樂評論家，他在一九七九年受到吉斯蒙提的音樂震撼，而寫下這樣的樂評：

「雖然具有驚人的高度技巧，卻絕非內向封閉地雕琢無關緊要的旁枝末節，反而是以源源不絕滿溢而出的能量，如同爆發般地將能量一舉釋出。」

二〇一〇年四月，我在拙作《電子書的衝擊》（暫譯，原書名『電子書籍の衝擊』，Discover 21出版）一書中，曾經提到音樂界因為受到電子化的影響已經平坦化，各種樂曲擷取出來與其他樂曲相互混合，就可以做出新的樂曲。

因此，刻意區分如此創作出來的樂曲是新還或舊，還是屬於什麼種類的音樂，幾乎不具有任何意義，音樂創作者以及聽眾們，不再如同以往那般單純地以音樂知識或涵養聆賞，而轉變為直接串連浩瀚音樂世界的感覺。

我引用作曲家原雅明（Masaaki HARA）的話，將其以「音之樂」（Sound）說明（譯註：廣義的音樂，泛指所有以聲音形式表現的藝術），我們不單單只是在聽一首首的樂曲，而是在與樂曲背後，所謂「音之樂」這個廣大又混沌的音樂世界進行接觸。

「音之樂，那不再是往常人們慣常熟悉以完整包裝形式流通的音樂，而是以更具臨場感淋漓盡致地呈現，將他們傳到形形色色人們的手中，反覆播放與複製，時而被

分解加以創用再生而再次呈現，像這樣流入循環中依舊持續存在。就是麥斯・羅區（Max Roach）向那些以爵士樂為標準嚴詞批評嘻哈音樂的樂評家們回嗆的『更巨大的音之樂』。」（摘自《為了從音樂中解放：二十一世紀的音樂與創用》一書，原書名『音楽から解き放たれるために　21世紀のサウンド・リサイクル』，原雅明著，FILM ART出版社）。

無疑地，吉斯蒙提的音樂正是「音之樂」本身，不是古典音樂，不是巴西音樂，也不是爵士樂，而是運用卓越出色的技巧，使樂音複雜交錯，宛如像萬花筒般，讓我們周遭世界以各種不同的面貌呈現出來，並直接與世界串連。讓我們彷彿飲下醍醐一般，以五感直接體驗「音之樂」。

但是對於其投注於「音之樂」的鑽研程度成反比，吉斯蒙提在一九九〇年代開始作品就日益減少，一九九六年，發表雙吉他與貝斯的三重奏專輯《*Zig Zag*》。一九九七年，推出與管絃樂團合作氣勢磅礡的專輯《*Meating Point*》之後，就不再有新曲問世。

不再推出新作的這段期間，吉斯蒙提的健康狀態不佳，幾乎沒有前往海外巡迴公演。

在日本的公演是一九九一年初夏，於東京Blue Note的演出，之後就連專輯也不曾發行，也完全沒有在日本的現場表演，一般的樂迷幾乎都已經遺忘吉斯蒙提，只剩下小部分忠實樂迷，還記得那位記憶中的傳奇音樂家。

一九九〇年代音樂的大眾行銷模式仍然有效

接下來，介紹這個故事中的另一位主角——音樂經紀人田村直子（Naoko TAMURA）。

二〇〇三年，在上述的時空背景下，她想：「是否能邀請吉斯蒙提到日本演出呢？」當時，田村二十八歲。

大學畢業之後，田村進入Conversation & Company，這是一家籌辦邀請海外舞蹈家或音樂家到日本舉行展演的公司。雖說當時田村尚未擁有令人滿意的英語溝通能力，就突然被分配負責國外的聯絡業務，看起來似乎是相當膽大妄為的公司，但是，負責這項艱苦的工作反而將她磨練成為日後的展演經紀人。

「不能邀請吉斯蒙提到日本演出嗎？」

後來，田村離開Conversation & Company，自行摸索成為獨立經紀人。

透過從事製作各種的音樂會、展演慶典、萬國博覽會等活動之中，同時確立出自己的做法，現在她加入著名的廣播製作公司Shalala Company，從事廣播節目工作的同時也持續進行經紀人、國外藝術家代理人的工作。

其中像是近年受到青睞的南非音樂家阿布杜拉・伊布拉因（Abdullah Ibrahim，原名達樂・布蘭德〔Dollar Brand〕）以及印度塔布拉節奏科學樂團（Tabla Beat Science）、出身巴西的打擊樂手西羅・巴蒂斯塔（Cyro Baptista）等，田村著手擔任這些世界音樂家引進日本市場的推手。

當時促使她邀請吉斯蒙提到日本的契機，是在二〇〇三年得知已有一段時間不曾進行公開表演的吉斯蒙提，將在加拿大的蒙特婁舉行現場音樂會的消息。

「究竟是什麼樣的表演呢？如果可以的話，我一定要邀他到日本！」

秉持這樣想法的田村，立刻飛往加拿大的蒙特婁。

田村一直以來有個不變的策略，就是務必親自確認音樂家的生活與個性，並了解其對音樂的想法。也就是說，她堅持只有能產生共鳴的人，才能一起共事。

只有聆聽錄製完成的音樂ＣＤ，往往不會了解他的為人與精神層面，事實上她體會到：時常也會發現實際觀看現場表演後，比照ＣＤ的印象或自己的想像產生天差地遠的落差。

首先去聽現場演出，接著與本人會面，不要一開始就貿然談及工作的事，而要先仔細談論音樂，分享彼此的價值觀，比方說，往後想做什麼樣的音樂？或想呈現什麼樣的現場表演？從一起分享這些事情的看法，開始跨出邀請公演的第一步。

日本公演終於實現！但是……

田村成功地在加拿大的蒙特婁見到吉斯蒙提本人，並且兩人也仔細地交談過彼此的音樂觀，進一步問及到日本公演一事，成功獲得了「若有機會，一定會再到日本演出」的答覆。

可是，幸運之神遲遲不眷顧——時間兜不上、成本的問題、條件談不攏等，田村遲遲無法實現這個願望。一般來說，流行音樂家除非發表新作品，否則就遲遲不到日本公演，況且，吉斯蒙提並不像登上流行音樂暢銷排行榜的音樂那般淺顯易懂，說得直白一些，他的市場不好找，舉行公演在票房上伴隨相當的風險。

田村不時與吉斯蒙提保持聯絡，慢慢地等待機會。四年之後，也就是二〇〇七年，機會終於降臨了，吉斯蒙提決定在韓國舉行音樂會。

「如果到韓國，就能和韓國均攤機票費用了！」

於是，田村立刻試著聯繫韓國的主辦單位，對方表示這是求之不得的事。韓國方面的主辦單位是古典音樂的經紀公司，但是，為了邀請海外音樂家，在成本控管上費盡心思，這在任何國家都是一樣的情形。

二〇〇七年夏天，吉斯蒙提終於確定日本公演成行，距離他前一次到日本公演，已經相隔十六年。

然而，很長的一段時間沒有新作品，而且十六年來沒到日本，再加上吉斯蒙提的音樂難以清楚歸類，在這樣的條件之下，日本公演真的能成功嗎？音樂CD銷售量日益下滑，屢屢聽到像是「遠離音樂」之類的悲觀論調。在這樣的時空背景下邀請吉斯蒙提到日本公演，無疑地，是下了魯莽的賭注。

然而，田村花足心思擬定策略，而後「下注開賭」。

首先，是公演的規模，到底能在多大的會場中，舉行幾次的公演呢？

她想起在任職Conversation & Company期間所參與的某次公演。

那是阿拉伯裔巴西人吉他二重奏阿薩德兄弟（Assad Brothers）的現場音樂會，阿薩德兄弟經常演奏吉斯蒙提的代表作。

當時，選在容納五百人左右的小會場，場內座無虛席，都是熱情死忠的樂迷。甚至有人希望阿薩德兄弟在自己的吉他上簽名。其中，多數是男性樂迷，大約年約四十至五十歲。

「毫無疑問地，參加阿薩德兄弟音樂會的樂迷們，一定也會出席吉斯蒙提的現場音樂會。」

田村這麼想著，巴西音樂、吉他演奏家以及出神入化的技巧與高度音樂性等等，阿薩德兄弟和吉斯蒙提有許多共通點。看來，與阿薩德兄弟音樂會一樣預估五百人左右應該沒問題。

故弄玄虛、引起好奇——經紀人田村直子的精準策略

首先田村製作了廣告傳單，在優雅的淡藍色底紙上，與吉斯蒙提的大名並列「巴西國寶，奇蹟的日本公演！」的醒目標語。

並以下述的文案介紹吉斯蒙提：

「對鋼琴、多弦吉他、管樂器等各式樂器皆能隨心所欲把玩的多方位音樂大師，以傑出作曲家身分而廣為人知的吉斯蒙提。

以獨樹一幟的音樂風格吸引全球的愛樂人。

從一九九二年身患重病後大幅減少海外公演，樂迷們之間盛傳『錯過此次，終身遺憾』——因為吉斯蒙提的健康狀態，大家都很擔心這次不去，恐怕這輩子再也看不到吉斯蒙提的日本公演。

時隔十六年，這是音樂家吉斯蒙提終於實現的日本公演！

曾由不同演奏家詮釋的吉斯蒙提創作，此次能聆聽創作者現場親自演奏，機會難能可貴！

曾與巴西亞馬遜雨林的原住民一起生活的艾伯托．吉斯蒙提的音樂具有深層的靈性與奔放的野性，且兼具大自然的雄偉與纖細一起和諧共鳴而響遍靈魂深處。

宛如發自閃耀自滿天星空的音色，彷彿從大地湧起洋溢著躍動感的節奏，讓你想像不到這是由一個人彈奏單一樂器所產生的音樂，務必前來親自體驗這場難得的音樂盛宴！」

除了上述的文案，廣告傳單只印上http://www.gismonti-live.jp的網址，以及謎樣的「吉斯蒙提訪日執行委員會」團體名稱。

到目前為止的描述中，完全不清楚究竟誰是這場音樂會的主辦單位？就連公演日期與場地的資訊，也都沒有列出來。

按照傳單的網址進入該網站後，會發現其中也只有刊載一點類似廣告單上的資訊，然後就只有提供一個郵件清單（mailing list）的註冊表格，說是「欲知詳情，請先註冊」。註冊時，只需留下電子郵件帳號即可。

這些吊人胃口的步驟，全都是為了挑起樂迷們對演唱會資訊的飢渴。因為想到如果是吉斯蒙提的忠實樂迷，資訊愈少，就愈能激發出「我想去現場看演出！」的渴望，以及「想親眼見到吉斯蒙提本人！」的熱情。

後續的訊息通知，是最重要的關鍵所在。

因為是小型公演，完全沒有在電視或是報章雜誌上刊登廣告的預算，能期待發揮宣傳效果，只有靠著口耳相傳的口碑以及廣告傳單。但是，如果胡亂發送傳單，資訊將無法送達為數不多且散居全國各地的吉斯蒙提樂迷。

時隔十六年的公演，到底會有多少人來參加？在發送訊息的同時，也成為推估對可能對公演有興趣的潛在觀眾人數，以及某種程度推算票房的重要工作。

那麼，該向何處傳達資訊以做好訊息到達的工作呢？

最近，在全日本各地到處都有日裔巴西人的社區，在這些地方經常能聽到巴西音樂。所以要在那樣的地方，比方說，群馬縣大泉町的巴西街散發傳單嗎？

不，這並不是正確答案！

首先，在海外知名的藝術家在自己的母國未必同樣大受歡迎，就好比某位巴西籍音樂家即便在日本受歡迎，也是因為透過日本媒體宣傳建立知名度，他的盛名只在日本才有的案例也不少；相反地，在母國是當紅藝術家，但是，在日本卻名不見經傳的情況也屢見不鮮。

因此，時有耳聞這樣的例子：在日裔外籍人士的社區，獨自推出宣稱是母國人士的海報宣傳公演，但是，這些演出者在日本毫無知名度。這就是因為市場完全不同的緣故。

喜歡西野加奈的瑞典人能與日本人同樂嗎？

吉斯蒙提的情況也相同，他所屬的德國爵士樂唱片公司ＥＣＭ即使在歐美國家相當受歡迎，並不代表在日本就會受到相同程度的喜愛。一般會認為在同一個國家中，當紅明星的流行音樂與鑽研達極致音樂藝術性的演奏音樂（如同吉斯蒙提），兩者的聽眾完全不同，這本來就是理所當然的事。在日本也是，濱崎步（Ayumi HAMASAKI）或西野加奈（Kana NISHINO）的音樂，與爵士樂薩克斯風演奏家菊地成孔（Naruyoshi KIKUCHI）的音樂，屬於完全不同文化圈的聽眾。身為西野加奈熱情粉絲的瑞典人（近來因為全球化，有這樣的歐美樂迷也逐漸變得稀鬆平常），即使向偶然來斯德哥爾摩旅行而只聽菊地成孔爵士樂的日本女性搭話說：「西野加奈最讚喔！」可能會讓日籍女性一陣錯愕，完全搭不上話，就這麼結束對話。

像音樂一樣能輕易跨越語言差異高牆的文化，在現代而言，文化圈不同所造成的差異比起國家與種族間的差異，要更大得多。濱崎步、倖田來未（Kumi KODA）、女神卡卡（Lady Gaga）和P！NK在某處串連，而菊地成孔和大西順子（Junko ONISHI）和克里斯汀．史考特（Christian Scott）或尼可拉．康提（Nicola Conte）也全部串連在一起。在爵士樂界中，鋼琴彈奏極具速度感的大西順子是日本人、康提是義大利人，這一點並不是什麼重點。當然，其中像吉斯蒙提追溯亞馬遜源頭般，將質樸原始的民族性的差異，做為創作的重要元素，但是幾乎與此同等重要的是如何能與「更巨大的音之樂」接軌，這份對音樂的觀感才是大框架，也才是更為重要的事情。

吉斯蒙提的音樂隱含有深植於亞馬遜雨林深處內陸的原住民本質，但同時也內含不論是日本人、歐洲人甚至是非洲人都能激賞的全球性。這種全球性指的絕不是直接向全世界敞開的特質；相反地，是猶如皮膚觸感一般，對於可以認知古典音樂、爵士樂與世界音樂之間，明確區別疆界（marginal）的區域，棲息著各自獨特音之樂的樂迷，也就是對於某特定文化圈的人們才敞開的領域。

兼具開放性與封閉性的全新資訊世界

這屬於既是開放性（open）同時也是封閉性（close）的全新資訊流通世界。

音樂只能由個別國家、個別民族消費的時代已經邁向終點，這意味著同一國家中不再共享相同的音樂圈，就好比有喜愛吉斯蒙提音樂的巴西人，也有完全不知道吉斯蒙提是何許人的巴西人。

然而另一方面，吉斯蒙提的音樂是向全世界敞開的，在日本、美國、芬蘭、越南、印度、塞內加爾，都有對吉斯蒙提的音樂產生共鳴的人。

換句話說，現在各個國家各自的垂直整合崩解，並在全球化音樂市場中重新融合，有關這個全球化資訊平台的內容，將在最後一章中再詳述。

讓我們回歸原來的主題：

需要某項資訊的目標人群，究竟在哪裡？

該如何將資訊投放到目標人群所在的正確地點？進而做好「訊息到達」？

還有，該資訊該如何能夠深深打動人心？

說穿了，這三件事情就是資訊傳播的終極課題。

資訊共享圈在各個國家都逐漸小眾化，現在要找出目標所在已經變得很困難了。

「目標人群所在之處」，在本書中稱為「社群」（Biotope）。

Biotope（譯註：一般譯為棲地）一詞，是關心園藝或是環境議題人士很熟知的語彙，其含義是指「棲息空間」。這是由環保先進國德國提出的概念，在希臘語中Bio指的是「生命」，Tope（譯註：tope是英文說法，希臘語中為topos）是「場所」的意思，二者結合之後定義成「由有機結合的幾個物種的生物所構成的生物集群的棲息空間」，也可說是「用以維持小型生態系統的最小組成單位」，像是森林中突然出現的池塘或是溼地，在這樣的空間中生物集群優遊自在地生活著。

資訊流入社群，籠罩世界

資訊共享圈因為網際網路的發達而日益分眾化，俯瞰這樣的環境並指定出特定社群實在是難上加難，在本書中將試著找出這個問題的答案，這就像是郊外空地上或雜樹林中，甚或是田間小徑旁悄悄形成，裡面聚集了小蝦、螯蝦、蜻蜓、水黽等水中小生物，儼然一個小型的生態系統的感覺，因此我想用Biotope（社群、棲地）一詞，說明這種小型資訊圈是再貼切不過的了。

在以往各國音樂皆呈垂直整合的時代，和田村直子一樣的音樂經紀人要找到社群的話，相較之下比現在容易，對象若是屬於大眾消費者的話，就利用電視或報紙；想要針對特定地區投放資訊時，就利用地方性報紙或全國性報紙的地方版、夾頁廣告；若是對於專屬不同嗜好或業界的各領域，則有雜誌和專業報紙。

那是一個人類社群經過明確劃分，整頓得具體可視而且井然有序的媒體空間，要將資訊投放到哪裡？誰會收得到？這些大概都可以推估到某種程度，畢竟那個時代的資訊流通管道只有報紙、電視、雜誌、收音機這四個傳統的大眾媒體，剩下的就只有夾報廣告或投遞信箱的廣告傳單、路邊看板廣告等促銷手段，當時人們只能從這些有限的管道獲得資訊，而資訊的發送端也只能在上述管道中投放資訊。

換句話說，雖說是社群，其實也只是很草率地準備一個粗糙的大桶子，然後將大量訊息不斷地往裡頭倒而已，就某方面來說，是屬於放牛吃草那種簡單輕鬆的資訊流通方法。

然而，由於網際網路（Internet）的出現，這巨大粗糙的社群全面擴散開來，擴展出無數個傳統大眾媒體以外的社群。首先從網站（web site）開始，接著是搜尋引擎普及，之後產生了「關鍵字」（keywords）這個全新的社群，並產生用以將資訊導引到該社群的關鍵字廣告。更進一步地，電子報（mail magazine）、電子公布欄（BBS，Bulletin Board System）等也如雨後春筍般興起。自二〇〇〇年代後半開始，部落格（blog）及社群網路服務（SNS，Social Networking Site）、推特（Twitter，現改名X）、口碑網站等數量龐大的社群媒體（social media）也紛紛加入。

藉此社群擁有數位世界浩瀚無邊界的擴展空間，未必限於只在網路之內完成。舉例來說，在推特上分享的資訊，超出網路空間而在公司同事、某咖啡廳的常客、擁有共同嗜好的社群（community）間流傳，這使得網路空間與真實空間相互連接，於是再次重新形成新的社群。

而且，社群媒體的社群並不會僵化，有時在推特中熱烈討論的話題間就突然產生一個社群，但在熱烈話題結束的同時，該社群隨即就消失了，下個瞬間可能又在某個部落格的貼文中出現新社群，閱讀該部落格的人們或是將其加入書籤（bookmark）的閱聽大眾之間，說不定也會形成新社群。

上述社群的特色就是頻繁地隨機產生，之後消失，消失後又再產生，宛如漂浮在流水上的泡沫般地不穩定。

社群在哪裡？

在音樂業界，社群也在全球化市場中像是泡沫般到處隨機時而產生、時而消失，然後又再次形成，說不定，社群會突然在音樂會的表演場地突然出現，也可能在某處有永久固定的群落存在也不一定。

那麼，喜愛艾伯托．吉斯蒙提的人們所聚集的社群，到底在哪裡呢？

經紀人田村直子所面臨的，正是這個艱鉅的難題。

總之，現在已經能明確指出與吉斯蒙提可能會具有類似社群的阿薩德兄弟的音樂會上，成功地集結了五百人左右的觀眾，其中可以知道多數屬於極度熱愛吉他，而且年齡層偏高的粉絲會去聽音樂會。

總之，她決定先定下二個公演會場的檔期。

首先，是八月二十日在東京月島的第一生命音樂廳，這個場地預估稍大些，可容納七百個座位。

另外，隔天八月二十一日在赤坂的草月表演會館，場地略小，可容納五百個座位，雖然尚不知道能否舉辦第二場公演，但還是先行預約。

還不確定是否真有七百個人會前來觀看公演，但是若不事先設定一個具體人數為目標，不知道該以什麼為目標執行流程，會流於含糊不清而讓人不知所措，因此，田村刻意試著將目標訂為較高的七百人。

朝歌后瑪麗莎．蒙特現場演唱會出擊

後來，田村注意到巴西女歌手瑪麗莎．蒙特（Marisa Monte）。

蒙特經常被譽為「巴西天后」、「巴西引以為傲的世界巨星」等，我想蒙特大概可說是自一九八〇年代以來，巴西流行音樂（Brazilian Popular Music）最具知名度的女歌手。

二〇〇七年，蒙特再度訪日，前一次訪日已經是一九九二年的事。當時在澀谷文化村（Bunkamura）的果樹廳（Orchard Hall）連續二天舉行現場音樂會。當時她還沒有達到全球性的知名度，因此二〇〇七年的日本公演可說是她第一次以「世界巨星」的身分訪日。

田村相中蒙特的公演現場觀眾為核心目標，並且主動出擊，散發那份極其簡單且只印網址的廣告單。

蒙特與吉斯蒙提這兩位音樂家，就一般知名度來說差異當然相當大，但是兩位在音樂上的深度和追求的方向性卻相當相似，因此田村將目標放在蒙特的現場音樂會中所聚集的全日本巴西音樂愛好者的忠實樂迷，看好他們之間瀰漫著可能與音樂界或廣告界等相關的狂熱氣氛，大肆散布吉斯蒙提來日公演的資訊，而這張傳單也確實達到預期的宣傳效果。

吉他樂迷們的特質

接著，田村將目光轉向《現代吉他》雜誌（暫譯，原名『現代ギター』）。一般人也許不大知道這本雜誌，但是這本創刊於一九六〇年代末期，算是歷史悠久的老字號著名雜誌，在古典吉他領域裡無人不知無人不曉。

《現代吉他》雜誌就像是富含與吉他相關的所有資訊的集散中心，從知名吉他手的介紹、CD的介紹、音樂會的評論、到樂譜的刊載等，吉他相關的所有大大小小的資訊都有刊登，報導內容也從十六世紀的文藝復興時期到現代音樂涵蓋範圍廣泛，音樂種類也從佛朗明哥（Flamingo）到烏克麗麗（Ukulele）無所不包。

加上位於東京豐島區山手通（譯註：日本街道名）大路旁的《現代吉他》雜誌社總

公司裡，設有可容納一百人的古典吉他（classical guitar）專用演出場地——古典吉他沙龍（salon），甚至還附設古典吉他專賣店，除了賣吉他之外，還有樂譜、吉他弦、附屬配件等吉他相關產品應有盡有，堪稱日本國內相關商品最齊全的專賣店。《現代吉他》雜誌社也經營郵購業務，讓外縣市的讀者也可以購得各項商品。

像這樣所有都貫徹只以「吉他」為單一主軸的雜誌為何能存活至今？原因在於，喜歡吉他這個樂器的愛好者們具有某個特色的傾向。

究竟是什麼特色呢？

那就是吉他樂迷中大多數是「吉他音樂的聽眾」同時也是「吉他的演奏者」。換句話說，聽眾與演奏者身分集於一身的情況很常見，這就是古典吉他社群的特色。

年齡層大致是從四十歲起到五、六十歲左右的男性。這群樂迷的收入可以推測通常可能是比一般人高，因為古典吉他價格不斐，而且不僅是單純做為一名聽眾而已，一旦想要認真練習就必須參加吉他課程，因此，如果財力上沒有一定程度的餘裕，根本無法維持這項嗜好。

因此，古典吉他的社群規模相當小，《現代吉他》雜誌的發行量號稱約有三萬至四萬本左右，以雜誌界的常識推估，實際讀者數大約一萬人左右，古典吉他的樂迷很可能多半會訂購《現代吉他》雜誌，所以古典吉他的社群規模，頂多只在一萬多人上下，而且是分散在從都市到地方的日本全國各地。

由於相當小眾，所以古典吉他的相關資訊幾乎不曾出現在大眾媒體上。

正因如此，同好間的資訊交流非常頻繁，而且內容也有一定水準，比方說，因為吉他樂譜並不暢銷，在日本國內幾乎並無出版，於是樂迷主動從外國帶回日本與同好們分享，或是從CD直接聽寫樂譜與大家分享等交流，都是家常便飯。

猶如溯溪前進涇地探險一般

像這樣「規模雖小，但資訊交流次數多、內容密度高」的社群（community）關係，與網際網路具有非常高的相容性，事實上大部分的古典吉他樂迷都聚集在SNS的Mixi上，在那裡聚集了相當的數量的粉絲，且大多加入「Comu」（community的縮寫，即Mixi上的社群，所有的Mixi用戶都可以建立Comu），形成從數百人到數千人左右規模不等的社群。若是現在可能會分散在推特或臉書上，不過，因為在二〇〇七年時，日本國內網站能提供組成社群服務的Mixi是唯一最貼近網友需求的，在當時的狀況下，除了Mixi之外，幾乎沒有其他的選擇。

這也可說是吉他音樂愛好者，形成與普通樂迷差異很大的社群吧。

田村反覆研究古典吉他樂迷的社群，有了以下的看法：

「艾伯托・吉斯蒙提的曲子對彈奏古典吉他的人而言，是極欲征服的最高峰。雖然他的曲子帶有深刻的音樂性不易理解，但會彈吉他的人，應該聽得出其中奧妙才對。」

於是她在Mixi的Comu上往返流連，不斷地釋出資訊，這次用的不是在瑪麗莎・蒙特音樂會上的那份紙張的廣告單，不過是以相同手法留下只寫著網址的簡短訊息，只要點擊連結，就會出現訂閱電子報的表格和如下的訊息：

「欲知詳情者，請留下電郵。」

接著，正好在蒙特音樂會的一個月後，在紀尾井音樂廳舉辦慶祝《現代吉他》雜誌創刊四十週年的紀念GALA音樂會，紀尾井音樂廳擁有八百個觀眾席位，是一個小而美的古典音樂專用表演廳。這是《現代吉他》雜誌一年一度的大型盛會，以古典吉他的知名演奏家們將會齊聚一堂參與演出而聞名。事實上，當時也邀請到莊村清志（Kiyoshi SHOMURA）和福田進一（Shin-ichi FUKUDA）等非常傑出的吉他大師共襄盛舉。

田村當然也出席了這場盛會，並發送吉斯蒙提日本公演的傳單。

此時距離吉斯蒙提的日本公演還有二個月。

就在這時，在瑪麗莎・蒙特音樂會上及 Mixi 的 Comu 等地方散布消息開始發酵，吉斯蒙提的日本公演在古典吉他界逐漸成為熱門話題。

訂閱電子報的活動從開始僅短短一週內，就已經突破五百人次，在這個時候，田村開始篤信這次的公演必定相當成功。

「正式公演的七百個座位應該會銷售一空，另一個預約的五百人場地舉辦加場公演似乎也可行，但為了維持觀眾們的渴望，在正式公演的門票售罄之前，追加場次的消息就暫時先保密吧！」

田村以吊胃口的方式，確立後續的戰術。

接著，當廣告傳單全部發完，而且訂閱電子報的人數已經相當數量的時機，透過電子報發布「公演日期在八月二十日，地點是月島的第一生命音樂廳！」的資訊，依舊維持只發簡短訊息的一貫風格。

為了這些分眾化為很多小圈圈的資訊社群，田村在廣袤的溼地探險，檢測每個水窪的水質，用望遠鏡觀察來到沼澤附近的生物，然後從順著水流找到另一個溼地，又再加以涉足觀察，簡直就像是在進行生物學上的田野調查。

神祕組織——「吉斯蒙提訪日執行委員會」

儘管如此，令多數的吉他樂迷依然覺得百思不解的是：「究竟是誰在籌畫吉斯蒙提的日本公演？」

雖然田村曾隸屬於主辦世界音樂類活動的Conversation & Company，但是身為獨立經紀人的知名度就沒那麼高了。因此吉斯蒙提的訪日，在樂迷與媒體之間甚至被視為某種神祕的「謎團」隱含其中。要獲得解答的方法，只有在制式冰冷的官方網站上點擊連結「洽詢採訪事宜」，進入填寫洽詢表格的畫面。

結果採訪的申請表格一份接著一份不斷地傳進來，申請相當踴躍。

謎樣的「吉斯蒙提訪日執行委員會」，和時隔十六年再度訪日的傳奇音樂家吉斯蒙提，加上公開發布的資訊只有舉辦日期與會場而已。

藉由這份對資訊的渴求進一步加深公演本身的神祕感，應該是因此產生「稀有感」，刺激了大眾媒體業界的神經吧？全國報紙、通訊社、廣播電台和雜誌等的採訪申請如雪片般紛飛而來。

「我們一定會配合事前宣傳，所以，請讓我採訪！」

連一向採取被動姿態的媒體，也變得積極爭取採訪機會。

就這樣聲勢愈來愈浩大，終於到門票首賣日。

直到這一天，一切都如田村所期望地一路發展。

接著，開賣——

七百個座位的第一生命音樂廳的門票，竟然首賣當天門票立即銷售一空。

刻不容緩，田村立刻發送「確定將於隔天八月二十一日在赤坂草月表演會館追加公演」的消息。

一星期後，開始銷售加場公演的門票，同樣地，開賣當天門票就銷售一空。

憑藉狩獵者的嗅覺本能找出觀眾

田村決定「就在日本舉辦吉斯蒙提公演吧！」後，到距離公演當天只剩三個月，距離賣票日也只有二個月的時間而已。這中間還需要製作網站，印製傳單，與吉斯蒙提簽約及確認預約會場，安排接待等的準備工作全都要進行，同時也明確指出：「對於吉斯蒙提訪日公演滿心歡喜」的小社群，這可是個要拿放大鏡仔細搜尋的工作。

不能只是單純地透過報紙、電視和雜誌等大眾媒體將資訊散播出去就好，而要先掌握需要這項資訊的人群特質，再調查這些人會以什麼方式獲取資訊，確定出那些如細小支流般的資訊流。

那正如同大自然中實際生物的社群棲地一般，涓涓細流會流入小水窪一般的自然界中，分不清究竟哪裡是上游，哪裡是下游，水流緩慢悠然地集合成一道，然後又分開，而後再度匯流而形成整體複雜的水域。

在這個像網狀般遍佈全區域的小水流在各處形成的小水窪，可能漸漸孕育出小蝦、螯蝦或小魚安靜地棲息其中，形成微小的生態系統。各個小水窪也許也會與湖沼或河川連接，也許在某個場所是隱蔽在森林當中，也許在別的地方是低陷在寬廣的草地裡，接受夏日強烈的陽光照射，水流與社群就這樣縱橫穿流於山脈與山脈之間，零散分布在丘陵與縱谷之上。

想要將這麼多樣且複雜的生態系統的全貌遍覽無遺，實在不是容易的事。

現在我們的資訊社會，也如同這樣聚集無數個微小社群而形成生態系統，並在反覆連結這些生態系統之下以構成整體。一開始由部落格開始的社群媒體，擴大為SNS、推特、口碑網站，現在還產生出定位服務、團購或共享音樂等各種副生態系統，同時還正在持續逐漸擴大與進化當中。

田村一腳踏入了這個寬廣浩瀚的資訊森林之中，如同嗅覺靈敏的狩獵者般四處放置誘餌箱，並設下陷阱，再阻擋部分河川水流築堤圍堰，就這樣精準地找出棲息其中的「吉斯蒙提音樂的消費小眾」，也許可以說，這是田村身為優秀經紀人即狩獵者的嗅覺本能使然吧。

雖然那真的只是小小的成功

吉斯蒙提短短二日的小型現場音樂會，大獲成功。

穿著藍色薄襯衫的休閒裝扮現身舞臺的吉斯蒙提，手上拿著十二弦吉他，沒有地下樂團或其他的任何陪襯，一個人獨奏。雖然只用一把吉他演奏，但時而如打擊樂器般地敲打吉他的琴身，時而彈琴頸上的弦，讓人覺得簡直如同有多位演奏者站在舞臺上一般，彈奏出繽紛多彩的樂音充滿在空氣中。儘管是超群絕佳的技巧，卻是達到讓人不覺得賣弄技巧般出神入化的境界，他只是很單純地使盡全力，將聽眾們深深帶入樂音森林之中。他可以讓多樣化的樂音同時流竄入聽眾的耳裡，而那些樂音源於亞馬遜的原住民本色與爵士加古典樂，極致的完美融合，甚至產生出與存在於演奏前方更大的音之樂串連接軌的解放感。

在現場音樂會的後半，樂器從吉他換成鋼琴。只是持續彈出悠悠琴聲的吉斯蒙提。當下產生出樂音與聽眾和演奏者融合為一體的空間，聽眾都被那個漩渦般的空間所吸引進去，雖然是在小型會場中所舉辦的小小現場音樂會，卻可以說給予進入會場的所有人刻骨銘心的大大感動吧？事實上，相當多人在部落格上寫下對這場音樂會的感想：

「整場充滿愛與人性，演奏難度好像相當高。全部都像即興演出般，充滿新鮮氣息。」

「這場音樂會是我人生中感動程度數一數二的現場演奏，可以將吉他和鋼琴這二種樂器如此高程度運用純熟的人，除了吉斯蒙提外我從沒見過第二人了。」

只要想想二次公演合起來也只有一千二百名聽眾，就可以知道在部落格上的曝光率實在算很高。也許可以這麼說，這證明了一件事情，那就是針對黏著度高、定著力強的社群，即使字數不多、管道有限，但只要提供資訊濃度高的內容，就能做到精準的訊息到達。

話雖如此，這次的公演真的只是很小很小的成功，因為所謂成功，也不過只是賣光一千二百個位子的門票而已。從電視廣告動輒投入幾千萬日圓預算的大型廣告業界的角度來看，恐怕會說：「那根本稱不上什麼成功的商業模式吧？」

但是，目前資訊的流通正快速地朝這個方向前進。

對於所謂「大眾」這些為數眾多的人們，將資訊統整在一次「啪！」地全部丟過去，大家就此上鉤而從事消費行為，可能是買東西，或看電影，或聽音樂；但是，從二〇〇〇年之後，這樣的光景將逐漸消失了。吉斯蒙提的公演所象徵的小眾文化圈雖然小，但其中所聚集的人們的臉反而清晰可見，聚集的是什麼樣的人也很鮮明，由這些小眾社群的集大成構成的資訊串流，藉由這些社群小型活動集大成，二十一世紀的消費行為儼然成形。

就算是廣告業界和大眾媒體業界的人感到不滿，批評「那根本成不了大商機」；但是，所謂大商機已經不存在了，這才是二十一世紀資訊流通的現實狀況。如果從中還是想要追求大商機的話，就只能將目標放在像蘋果的iTunes或Google或者臉書和推特之類的社群網站等資訊流通的平台。這部分在第五章將再說明。

社群中是否存在法則？

這種資訊的社群化與大眾媒體的沒落，一併在進入二〇〇〇年之後加速進行著。但是這樣混沌不明的狀況下，還有一個大難題阻擋在前。

那就是要指出社群的所在地，並不是一件容易的事。

對於接收資訊的消費者而言，這是充滿危機的狀態。因為不同於以往，「自己想找的資訊，究竟去哪裡可以找得到？」，已經變得不再明確。

資訊量自從進入網路時代之後，就以指數函數增加，我想恐怕是比大眾媒體時代多數百倍到數千倍左右的資訊，每天在我們的上方持續地流傳著。資訊的品質本身也毫無疑問地，變得比以前更深入透徹。所以只要能夠精確地找出來，其中必定有有用的資訊，但是究竟該如何才能找出來呢？

如果像經紀人田村直子那樣，對資訊具有狩獵民族般的敏銳嗅覺，可準確地找對社群，並將準確的資訊傳到目標對象所在的場所。

不過，那是屬於天賦異稟和技巧以及熟悉know-how的境界，不是每個人都可以做到的，大半以上的人都不具備這樣的能力，是否就這樣眼看著每天資訊量持續遞增，形成資訊洪流迅速地淹沒我們的世界，遲早水面越過了提防滿溢漫流而出，等到察覺的時候，自己已經早就沒有立足之地，而溺水昏厥，最後被沖到洶湧的資訊汪洋之中呢？

絕對沒這回事。

原因在於大家在這洶湧的混沌之中，正在找出各種法則，這些法則還只是片段不完全的，還不足以整合浩瀚資訊汪洋的全貌，但在一百三十七億年前，宇宙藉由大爆炸而誕生，在混沌之中穿梭交錯，充滿了濃厚的迷霧狀態，然後這種迷霧狀態逐漸告終，在三十八萬年後，混沌的宇宙才終於變得視野清朗。現在，我們以網際網路為主軸的資訊社會還停留在接近出發點的地方，但已經多多少少正逐漸在脫離初期混沌狀態當中，可能再找到幾項法則，找出一些理論，相信這樣資訊汪洋將會逐漸變得視野清楚。

無論什麼樣的混沌，都一定有法則存在，資訊根據那些法則而流動。

這些法則究竟是什麼呢？

要查明這一點，正是本書的最終目標，在那個即將到來的世界裡，「廣告」、「宣導」、「報導」、「行銷」等這些傳統的資訊發送概念的意義與理念都將被重新定義，資訊與人的關係，也將踏入嶄新的階段吧？

不過在那之前，我們還需要迂迴繞道一下，第二章將針對日本關於消費的現狀做個追蹤，各位讀者請就多點耐心陪陪我，一起接著看下去。

第二章

再見了！過度強調表象的大眾消費時代

二〇〇九年，有一部美國電影《醉後大丈夫》（*The Hangover*）。

這是一部非常有趣，引人爆笑的喜劇片，大概任誰看了都會忍不住笑出來吧？我也是在日本上映不久後，在澀谷CINE SAISON影城裡觀賞此片；老實說，很久沒有這樣開懷大笑了。

簡單介紹一下劇情：

為了祝福即將結婚的新郎，三位損友與新郎一起到拉斯維加斯舉辦「最後的單身派對」，投宿在建築風格走古代羅馬風的大型高級飯店——四季豪華大飯店（Seasons Palace），大廳中矗立著羅馬帝國風格的雕刻與圓柱，一看就是拉斯維加斯特有的誇張豪華大飯店，四個人決定：「好，今晚就豁出去，住最好的房間吧！」入住在最高樓層的豪華客房，價格竟高達一晚四千五百美元。

大家仔細選好服裝（不知為何新娘弟弟是個怪人，只有他穿舊爛鬆垮的T恤加腰包的裝扮，甚至被同伴中的型男問：「你是認真的嗎？」），好啦，出發！

首先上到飯店屋頂，用賓客自己帶來的酒斟滿酒杯之後，舉杯高喊「敬難忘的今夜！」「乾杯！」

……但是，從那之後，就沒有記憶了。

下一幕就轉到隔天早晨飯店豪華客房裡的模樣，大家爛醉如泥東倒西歪，整個房間零亂地滿是垃圾，沙發燒焦了還在冒煙，不知怎地，地上竟然有雞在房裡來回邊走邊啼：「咯！咯咯！」抬頭一看，不知從哪裡跑出來裸體的女人倉皇地抱著衣服奪門而出，究竟發生了什麼事啊……，爬起身來，同伴當中的一個人前排牙齒莫名奇妙掉了一顆，而且衣櫃裡竟有嬰兒在哭，再加上要去洗手間上廁所，裡面怎麼有隻大老虎正在虎視眈眈……。

而且，最慘的是，新郎竟然不見了！

「昨晚到底發生了什麼事啊？」

三個人完全失去記憶，沒有人記得昨晚發生了什麼事，只能忍著嚴重的宿醉頭痛，三個人為了找新郎而跑遍拉斯維加斯。

嚴格說起來，其實是很無聊的劇情，但是，從一開始就很好笑。接下來的劇情圍繞著解開昨夜謎團的過程，則是相當精彩的懸疑劇。前職業拳擊手麥克・泰森（Michael Gerard “Mike” Tyson）、中國的黑道大哥和脫衣舞孃等無厘頭的角色陸續出現，隨著他們引起一場又一場更誇大的騷動，昨晚發生的事，慢慢地漸趨明朗的故事結構。

電影一直到劇終，始終都沒有完整交代婚禮前晚發生的事，只在最後找到一台拍到部分始末的數位相機，並在結束的片尾背景中播放出其中的照片，他們不知羞恥、行徑荒謬的程度又激起一陣爆笑。在美國拿下二億七千七百萬美金的營業額，是影史上最高票房的限制級喜劇片，劇情果然值得獲得這份殊榮。不僅故事的發展出人意料之外，劇中角色每一個人都刻劃出鮮明的個性，劇本的安排心思非常細膩巧妙，而且以「宿醉」這種一般人都有過的經驗為主題，很容易引起共鳴。此外，再加上不需要特殊的背景知識，美國的喜劇經常有以當地熱門連續劇或綜藝節目鋪陳笑點的情況。不知道那些節目的日本人，往往會覺得「咦？」弄不清楚究竟為什麼好笑。但是，這部電影完全不需要這種額外的脈絡或情境（context）。

真的是任誰看了都覺得好笑的內容，一般認為，一定會賣座吧？

但是，令人意外的是，這部《醉後大丈夫》當初並沒有預計要在日本上映。

原因很簡單，因為那是一部低成本電影，裡面沒有在日本知名的大明星參與演出，所以發行公司（film distribution）（譯註：日本稱為電影分配公司）判斷「在日本應該不會賣座吧？」

在日本電影界與電視界這樣的案例其實很多，整個業界都圍繞著藝人的知名度，老實說，內容本身只被當成「附屬贈品」看待。總之，「有哪些藝人演出」、「花了多少宣傳費」、「得過什麼有名的獎」這些包裝，遠比內容本身更受到重視。

主動起而行參加連署的人們

對此第一個起身發言的人，是影評家Rintaro Watanabe。

他在學生時代，就曾有從事過電影助導和打燈助理的經驗，是天生的電影狂。大學畢業後，擔任系統工程師的同時，也以筆名在雜誌《*BRUTUS*》中撰寫影評，現在是獨立自由作家。慧眼獨具的他，具有發掘雖然不賣座但很有趣的國外電影，以往曾加入重金屬樂團的紀錄片《重金屬叔要成名》（*Anvil! The Story of Anvil*）的宣傳，及為英國喜劇《終「棘」警探》（*Hot Fuzz*）發起連署活動等，當時，《終「棘」警探》在日本並無上映計畫，所以，Rintaro Watanabe在網站上發起公開連署活動，一直將電影推到電影院上映為止，寫下亮眼佳績，當時集結了二千三百人的連署。

他所介紹的電影，每一部在日本上映時都掀起話題，而且也都相當膾炙人口。

Rintaro Watanabe在全美公開上映《醉後大丈夫》後的二〇〇九年十一月，詢問負責發行的華納兄弟公司：「不打算在日本上映嗎？」

得到的答案是：「百分之兩百不會在日本上映。」

Rintaro Watanabe感嘆：「這麼有趣的電影在全世界的票房都很賣座，卻竟然只有日本不上映！」於是，抱著「死馬當活馬醫」的心情，在二〇〇九年年底展開連署活動。和《終「棘」警探》一樣，製作「電影《醉後大丈夫》公開上映勢在必行連署會」的網站，呼籲大家一起連署。

他的想法是：「就算沒有大牌明星，只要是真正有趣的電影作品，靠口碑也可以集結人潮。有趣的電影只要好好宣傳，並公開上映一定的檔期，其中精髓就可以傳達給觀眾。但現在這種只挑保守安全或大卡司的作品，豈不是將日本文化層看得太淺薄了嗎？」

其實在日本，西片的宣傳手法一向非常糟糕，比方說，二〇一〇年夏天在日本上映的喬治．羅米羅（George A. Romero）導演最新力作《活死人之島》（*Survival of the Dead*）。

喬治．羅米羅被譽為「現代恐怖電影之父」，在恐怖電影迷的眼中，可說是活殭屍電影大師。一九六八年導演第一部活殭屍電影《活死人之夜》（*Night of The Living Dead*），由單一色調的陰暗畫面醞釀出難以言喻的詭異氣氛，而且充滿違反人道的思想，可謂邪典電影（cult）（譯註：影迷極端狂熱崇拜的電影）的傑作；而且大群活屍襲擊被困在某個建築物內少數人類——這類活屍電影不可或缺的必要場景，就是從這部電影確立的基礎，後來產生諸多活屍電影的始祖，就是這部《活死人之夜》。

被譽為最高傑作的是一九七七年的《活人生吃》（*Dawn of the Dead*；在日本上映片名為《活殭屍》〔*Zombie*〕），這與一九八五年的《生人末日》（*Day of the Dead*）合稱為喬治．羅米羅的「活殭屍三部曲」而聞名，每一部都是描述在活人與死人勢力消長的世界中，無數的活殭屍在地上徘徊，以及被困在建築物裡無處可逃的活人們，彼此進行毫無希望的苦戰，因而充滿生動張力的作品。

這位喬治．羅米羅大師年過七十的最新力作就是《活死人之島》，一生持續製作活屍電影，直到晚年仍執導描寫活屍的導演大師，實在太厲害了，令人欽佩。

搞笑藝人與活殭屍電影

但是，《活死人之島》這部電影在日本公開上映時，電影公司請來搞笑藝人進行宣傳。

在電影首映會找來演出的是「一招諧星」（編按：以一招半式闖蕩演藝圈的搞笑藝人）小島義雄、Dandy 坂野，還有「事業線名媛」葉姊妹（譯註：日文「叶姉妹」，標榜名媛背景並以巨乳為特色的二人熟女團體）。一招諧星、巨乳熟女與活殭屍電影之間，實在是一點關係都沒有。

因為電影主要是以活人們如何在活殭屍的世界裡「存活」（survive）為主題，莫名其妙地找來一招笑匠藝人與巨乳熟女，以「在演藝圈中，以懸崖邊緣狀態繼續存活的藝人」為主題進行電影宣傳，這實在是牽強得離譜的連結。而且，還以傳授他們存活術的接觸點，請來在演藝圈持續活躍的葉姊妹為特別來賓搭配演出。

我只能說，這實在是低俗粗鄙，而且精神貧窮到極點的電影宣傳手法。

雖然我當時沒去採訪那場首映會，但看到所報導出來的文章，據說結論是小島義雄接受葉姊妹的建議「永遠不要裸體而要穿著衣服」（編按：小島義雄以「上半身赤裸、下半身僅著一條泳褲」的形象闖蕩演藝圈），而Dandy坂野則是要擁有環保意識，當場將黃色西裝換成綠色的重新出場。不過，出席活動的所有記者都沒有人笑出聲，反而一臉茫然，陷入一片鴉雀無聲的尷尬。

麥克風交給巨乳熟女團體葉姊妹時，姊姊說：「（我們兩人）雖然不是特別有興趣，但請小心照顧身體」。當小島義雄被問到：「身為即將消失的藝人，今後有什麼打破僵局的辦法？」時，他回答：「如果有的話，我就不用煩惱了」。

記者會現場想必是在令人難以忍受的氣氛下進行的，一招諧星、巨乳熟女團體，根本和活殭屍或現代恐怖片之父喬治．羅米羅導演完全扯不上關係，真是一場慘不忍睹的宣傳活動。

看不到絲毫想傳達電影可看性的誠意或脈絡、情境（context），只是單純地為了攬客就找來藝人的想法，以為只要搶占報紙或雜誌版面就叫做「宣傳」，這實在是沒有經過仔細思考而且非常無厘頭的舉動。

如果這不叫「精神貧窮」，那麼，究竟什麼才叫「精神貧窮」呢？

寄望大眾媒體神效的電影業界

像這樣在上映宣傳活動中找來牽強的藝人，很勉強地算是擠上大眾媒體的版面，真的可以期待會有宣傳效果嗎？

其實，會欣賞《終「棘」警探》或《醉後大丈夫》的人，至少約有數千人至數萬人左右，應該原本就存在在某處；但是，我深深懷疑，如果為了宣傳電影，利用搞笑藝人在大眾媒體上的報導，恐怕資訊完全無法傳達到這些人手上吧？

Rintaro Watanabe針對那些響應他要求上映連署的群眾，曾經做過如下描述：

「這一群人不喜歡電視臺製作的電影或大量宣傳電影，認為應該還有更有趣的電影存在才對，所以他們從大量宣傳的噪音中選擇出走，想要自己去尋找電影。就是這些具有強烈參加意願，真正喜歡電影的人們，在支持我的連署運動。」

對這些人而言，找搞笑藝人來參加首映會等，根本完全是反效果吧？因為支持喬治・羅米羅導演，或是《終「棘」警探》、《醉後大丈夫》的族群，其實很討厭找藝人代言電影的無聊活動，他們想自己找有趣電影。

再說，小島義雄和Dandy坂野的粉絲，幾乎不可能來看現代恐怖片教父喬治・羅米羅的活屍電影。喬治・羅米羅的電影只有在屬於邪典文化的領域中才會受到好評，對電影沒有太大興趣的人，大概很難了解其中樂趣。

這樣的宣傳手法，如同找只有知名度的藝人當「招客熊貓」去競選國會議員一樣，都只是愚弄選民或影迷的行為而已。

所以，Rintaro Watanabe和電影愛好者們集結在連署網站，要求上映《醉後大丈夫》的連署運動，就某個層面來說，也可以說是對這種愚民風潮說「不」的表態吧？

要求《醉後大丈夫》在日本上映的連署網站，設立僅短短一個星期，就集結五百人次連署，而且在推特上資訊擴散開來之後，轉瞬間就達到一千五百人次。雖然這樣的成果，當時還是無法打開在日本公開上映的厚重大門，但是，運氣很好的是，《醉後大丈夫》在美國獲頒金球獎（Golden Globe Awards）喜劇或音樂類的最佳影片獎，這才終於找到一個最強的說服理由，讓華納兄弟肯點下那沉重的頭，決定在日本上映。

而且打開厚重大門後，上映首日就讓電影院前出現長排人龍，人氣超高，而且最後票房也大獲成功。

Rintaro Watanabe說：

「想要改變電影業界現在狀況的人，就連電影業界中也大有人在，不過，這些聲音始終傳不到高層，現狀依然不變。雖然電影業界不變，但我想只能從自身周遭一點一滴開始改變、串連同伴，如果與同伴們進行的舉動，可以多少讓電影界慢慢累積改變的話，就太好了。」

為什麼電影泡沫破滅？

還有，電影的世界究竟從什麼時候開始，變成現在這個樣子的呢？

原本電影就有二種，一是大眾趨之若鶩的院線片，二是小眾電影迷情有獨鍾的單廳片（譯註：只在獨立的單一電影院或放映廳播放的電影）。

Rintaro Watanabe回顧當時的情況說：

「以前有《*PIA*》和《*City Road*》之類的電影資訊誌，提供給電影迷等級的族群深度資訊，一般稱為City Road派，代表雜誌明顯各有自己的目標讀者。《*ROADSHOW*》《*SCREEN*》《*KINEMA*旬報》這類的電影雜誌當時也相當盛行，再加上以前還有電影上映會或電影學校等人際網絡，電影迷等級的電影也多少具有順利流通資訊的自有組織或管道，但是，現在這些都已經消失了。」

雖然以前沒有像現在的社群網路，但仍成立讀者分眾化的雜誌群媒體，而且對於那些追求尖端資訊的人而言，也備有真實的人際網絡，只要加入那些人的團體，就會有資訊傳入，整體結構達一定程度。

但是這樣的結構從一九九〇年代後半到二〇〇〇年代前半，出現了大幅的轉變。轉變的主要因素有二項，首先，第一項是二〇〇〇年左右DVD播放機開始普及，這引起電影業界泡沫化時期即將來臨的幻覺。因為一九八〇年代電影業界曾經體驗VHS錄影帶與錄影機普及時期的大型泡沫化時代。

VHS為電影的視聽環境帶來極劇烈的變化，在那之前如果想看老電影，只能跑去名畫座（譯註：日文中的電影稱為「映畫」，「名畫座」為日本專門播放老電影的電影院），或者是等到電視臺電影劇場播放時才能看到。VHS錄影帶和錄放影機的出現，讓觀眾可以自行選擇想看的電影和時間，而且新上映的電影也只要等幾個月就可以租來在自家用電視螢幕觀賞，簡直是視聽界的革命。

而這也給與電影發行業界巨大的泡沫幻影，消費者買來錄影帶播放器後就走進錄影帶出租店去找電影，但當時市場才剛起步沒多久的錄影帶出租業界，並沒有具備足夠的內容可以提供，於是大批「需要更多電影！」的要求灌進電影發行公司，讓電影公司跑遍全球，將在日本沒上映的電影以高價先搶購過來，然後大量做成錄影帶發行，雖然其中也混雜很多水準很差的作品，但因為供不應求，所以這些電影也濫竽充數大量銷往錄影帶出租店。

再加上當時錄影帶出租店是以進貨的錄影帶支數計價付給發行公司，當時錄影帶的價格本身也相當高。以大型錄影帶出租店為例，一支高達一萬日圓左右的錄影帶，可能一次會買上數百支或數千支。

這帶給發行公司相當高的收入，如同為原本已步入夕陽一路下滑的電影發行業界注入了強心劑一般，一九八〇年代的泡沫時期，展開內容黃金時期的新局面，也為這股熱潮更增繽紛色彩。

然後，到了一九九〇年代末期。

取代在這之前的ＶＨＳ錄放影機，ＤＶＤ播放器開始普及，最大的推手應屬二〇〇〇年上市的索尼（Sony）遊戲機PlayStation 2（PS2），在PS2之前，DVD播放器一台就將近十萬日圓，但附有DVD播放功能的PS2的售價才僅不到四萬日圓，一口氣就將DVD播放器降到普及的價位。

這股DVD風潮讓電影發行公司眼睛為之一亮：

「這，這不是VHS泡沫時期的翻版嗎！」

這次必定又會像VHS流行時期一樣，消費者和出租店都對DVD內容會有大量需求，為了趕搭這股風潮，趕快先去買一大堆日本沒上映的國外電影回來吧！

——沒錯，他們是這麼認為的。

而且，幾乎同一時期，全日本開始進入複合式影城（cinema complex）（譯註：集合多個電影廳、美食街、休閒食品商店的商城）的高峰期，自從WARNER MYCAL在日本神奈川縣海老名市成立日本國內第一家複合式影城之後，這種有多個放映廳，座椅好坐又便於看螢幕的複合式影城型態，逐漸被日本人所接受並擴展開來，進入二〇〇〇年代之後迅速全面普及。

複合式影城化造成放映廳的數量大量增加，讓電影發行公司產生期待：「之前只在單廳單院上映的電影迷類型電影作品，如果利用複合式影城在全日本各地都上映的話，不就會有更多的人來看了嗎？」

換句話說，是他們單方幻想著：

「與其單廳單院零零散散地賺錢，不如利用複合式影城，一下子就可以擴大公開放映，這樣比較好賺。」

加上對DVD泡沫時期過度的期待，兩者綜效的作用之下，電影發行業界自我陶醉，紛紛隨著這份幻想而起舞。

大型電影發行公司爭先恐後派人到海外市場收購電影，原本以單廳單院上映為前提購買、原本較低價的電影，也因為要在複合式影城擴大公開上映，而價格全面上漲。

DVD泡沫時期並沒有來

對於DVD泡沫的幻想，結果以悲慘的結局收場。

首先，在此之前發行電影迷類型電影的中小型獨立發行公司原本規模小而穩定經營，卻因此而面臨極大的壓迫，也就是因為作品的價格被哄抬而居高不下，致使中小發行公司無法取得發行權。

另一方面，DVD並沒有興起大型發行公司所期待的泡沫時期，一般推測原因大概有幾個：

首先，第一個原因是DVD不如VHS上市時所帶給消費者的震撼力，畢竟是從無法在自己家裡看電影變成可以在任何時間輕鬆地在家看電影，一九八〇年代錄影帶出租店所帶來的震撼力實在是太巨大了，但是，只是將媒介由卡匣變成DVD，想要追求一樣的震撼力，當然是不可能的事情。

第二個原因是，從錄影帶出租店給發行公司的付費制度改變了，一九八〇年代錄影帶店每進一支帶子就支付一支帶子的價錢，但到了一九九〇年代之後改變為PPT（pay per transactions）的方式，這個制度與電影行銷收入一樣，發行公司將電影的錄影帶或DVD發放到出租店，出租店再按照實際出租的次數支付相應的金額。

因為使用這樣的付款制度，觀看人數不多的電影迷等級的電影，也可以擺在出租店裡，對發行公司來說不算壞事，而對出租店而言，之前一支要一萬日圓的內容，現在可以用比較低的價格買到，當然是求之不得的事。

不過，結果DVD並沒有進入興盛的泡沫時期，生產過剩的電影作品儘管進到錄影帶出租店，卻因為轉變成PPT付款制度而導致發行公司的收入沒什麼增加。

第三個原因是，網際網路的普及。

在大眾媒體時代，資訊非常有限，所以無論是電影或電視，只要播出就會有人看的情形，維持了好長的一段時間。比方說，在電視的電影名片時段等一旦決定有電影大片要播放時，就會在好幾週前開始廣告或炒熱相關話題。

但是，在網路時代資訊如洪流般灌入，大眾媒體時代對內容的飢渴感消失，再加上Podcast、YouTube和Ustream等影音網站的內容數量增多，這些新的內容彼此也將展開競爭。然而人們所擁有的時間是有限的，如何引起注意讓人們願意花有限的時間在自己身上，大家開始關注這種「注意力經濟」（attention economy）的思維。

在這樣的狀況下，「無論什麼內容，只要隨便丟出來，消費者都會爭先恐後地搶食」這種放牧型的媒體主導文化，已經解體。

就這樣，DVD逐漸變得不大有人觀賞，所以焦急的出租店開始推出「租金現在一片一晚只要一百日圓」等，步上價格破壞、低價促銷的不歸路，由PPT制度流入發行公司的利潤也就日益減少。

對DVD泡沫時期寄予厚望的發行公司淪落「即使在電影院上映賠錢也沒關係，用DVD賺回來就好」這種扭曲的產業結構，但是DVD泡沫還沒如預期地膨脹起來就消氣了，這個扭曲的結構也就逐漸變成扯發行公司後腿的一股力量。

盤算著VHS泡沫時期重現的電影發行業界瞬間墜入地獄般的深淵。

「砰！」地一聲，發行公司轉瞬間開始連續倒閉。

款給工作室作為「旅費補助金」，以彌補虧損。

工作室就以補助金為資本支付旗下音樂人月薪，藉由這份月薪維持音樂人的生活與繼續從事音樂活動，藉此構成推出百萬片暢銷品的少數音樂人，也可以照顧新人或大部分銷路沒有那麼好的音樂人生活的互助結構。

為什麼一九九〇年代音樂CD的銷售量，可以達到如此驚人的程度呢？

那並不代表當時經濟景氣蓬勃，泡沫經濟在一九九〇年代前半破滅，小室風潮最頂點的時候正逢金融危機，山一證券和北海道拓殖銀行就是在這一波低潮中倒閉，而銷售百萬張佳績的作品數量則是從一九九一年的單年度九件，於一九九〇年代的十年之間幾乎每年持續成長，到一九九八年的四十八件攀上高峰，直到二〇〇〇年左右一直都居高不下。

事實上，當時音樂CD暢銷風潮的原動力，包含手提CD錄放音機與卡拉OK的風行。

一九八二年日本國內首度推出的CD播放器，在進入一九九〇年代之後降價，隨處都可以買到一萬日圓左右便宜的手提CD錄放音機，和電視一樣，進步到每個房間都放一台，邁入個室化時代，結果也促進了音樂CD的購買慾望。換句話說，這是對於全新播放裝置的感動，引發消費者對於新的播放內容的需求。而這個情況正好搭上日本推出通信卡拉OK（譯註：將卡拉OK主機與電腦連結，就可以把中心電腦中的新歌送到卡拉OK主機中的硬碟儲存）的順風車，伴隨KTV這種專店經營場合的誕生，更成為音樂CD促銷的重要推手。

但是，進入二〇〇〇年代之後，這股風潮漸漸失去魅力，聽音樂CD這個行為的新鮮感已經消失，CD已經成為日常用品，再加上網際網路的出現，造成音樂文化日漸分眾化，百萬暢銷CD的品項數驟減，二〇〇二年減至十六件的百萬暢銷專輯品項，到了二〇〇七年已經落到只剩三件的地步。

音樂業界在一九九〇年代的大眾生態系統，至此宣告已全然崩解。

由百萬暢銷單品所產生出的豐富資本耗盡的結果，資金已經無法再回流，補助金不復存在，明明很需要暢銷品的業界，卻已經無力維持系統以支持音樂人了。藉由從唱片公司取得廣告費而結合音樂人與聽眾的音樂雜誌，也陸續停刊。

這樣的情況現在仍然在持續當中，並不是因為音樂本身已經沒落，現在仍還有為數眾多的年輕人喜愛音樂，音樂人們也仍在繼續製作許多很棒的樂曲，聽音樂的人數絕沒有減少。

沒落的是，連接樂曲和聽眾的管道，不，更正確來說，不是管道沒落，而是管道已經徹底更新。產生出百萬銷售量的大眾消費管道已經沒落，取而代之的是喜好極度分眾化的音樂圈誕生，不過，目前音樂業界還沒有找到將資訊送到這個音樂圈的好辦法。

「氛圍化」是泡沫化繁榮的背景

如何？像這樣回顧音樂界之後，相信讀者們都了解電影產業和音樂產業自一九九〇年代跨入二〇〇〇年代，不約而同地達到泡沫化繁榮，之後轉為衰退的過程。

為什麼兩者會同步呢？

電影業界在一九八〇年代VHS錄影帶問世，並且於一九九〇年代末DVD開始普及，音樂業界在一九八〇年代CD普及，並於一九九〇年代出現低價的手提CD錄放音機，也就是說，一九八〇年代至一九九〇年代是正值新的影音設備上市，而且在極短時間內就達到普及的時期。換句話說，科技的進步與其所帶動視聽設備及媒體這個平台的變化刺激對新內容的需求，藉此而引起泡沫化大量生產和大量消費。

而這個平台的變化與對內容消費的刺激，為在總體經濟上早已泡沫化崩解而陷入不景氣的一九九〇年代的日本，帶來可以稱為「內容泡沫」的活絡景象。這份遲來的內容泡沫，讓電影業界及音樂業界抱有大量生產和大量消費的高度經濟成長期再度降臨的錯覺，而這種錯覺結果讓內容業界延緩對於後來網路時代的應變能力，以致對於藉由網路進行分眾化的消費圈沒有做出任何因應措施，而照舊緊抓大量消費的大眾模式不放。這可以說就是會落到現狀悲慘境地最大的原因吧？

回顧起來，就會發現科技的進步帶來平台的變化，並不僅止於視聽媒體的改變而已；媒體一旦發生變化，視聽內容的傳輸形式也會跟著改變。藉由VHS、DVD、CD、通信卡拉OK這些降低流通成本的新媒體紛紛問世，內容的流通將朝向開放的方向發展，這已經可以說是理所當然的前進方向了吧。繼這些新興媒體之後，現在甚至還出現在網際網路上的傳輸模式，其結果，將引起流通模式激烈的變化。

這正是氛圍化。

所謂氛圍（Ambient）指的是我們所接觸的影片、音樂或書籍等內容全都開放地可流動化，以隨時隨地可取得的方式漂浮在同一帶附近的狀態。我在《電子書的衝擊》一書中首度使用「氛圍」這個詞彙。

比方說，蘋果公司（Apple）的音樂傳輸服務iTunes就將音樂進行氛圍化。在iTunes出現之前，若想要聽音樂，就要先將音樂CD放入CD播放器，或想將音樂帶到戶外聽，就需要將音樂先複製到卡匣或MD，需要一些繁複的程序，但是藉由iTunes，幾乎可以完全省略這些程序，隨時隨地或無論任何場景狀況，只要自己想到要聽音樂，就可以立即像變魔術般從手邊的3C產品聽取樂曲。

這就是氛圍化。

氛圍化並不僅止於「使用起來更加隨心所欲」、「提高方便性」這些機器設備進步的層面，因為iTunes讓所有的樂曲都可以即時取得，所以「這首曲子屬於什麼類別」、「這首歌曲是新的還是舊的」這些區別都失去意義。

氛圍化將所有的內容改並排成平坦狀，包羅萬象的內容，每天一個個累積起來，不僅共享文化的教養與涵養這些舊有的知識，還可共享關於該內容是源自於哪個內容這類知識或感覺，也就是發展出更大的共享空間。

於是從內容的流通形式到內容的存在方式本身，全都有了一百八十度的巨大轉變。

由於科技的進步，內容隨之慢慢地往氛圍化發展，正如水往低處流一般，這是無法避免且不可逆的前進方向。以音樂為例，從在宮廷中為主不會重現第二次的一次性現場演奏演進到唱片，變成只要將唱片放入唱盤就隨時可以聽到音樂，這就是往氛圍化前進了一步。唱片再由具可攜性和耐久性的CD所取代，進一步演進為數位傳輸，內容伴隨這些科技進步時而慢慢地氛圍化，時而激烈地往前演進。

如果以這樣的方向加以思考就可以了解，一九九〇年代的內容泡沫化繁榮，不過是在科技進步與氛圍化的狹縫中，供需平衡關係一時失衡所引起的短暫榮景罷了。

單純地，泡沫化繁榮，只是時代巨流中如曇花一現般的短暫浪花。但卻拜這個時代的短暫浪花所賜，內容業界因此而陷於持續追逐沒有結果的大眾消費幻影，於二〇〇〇年代的十年之間，迷失了自己的方向而一直遊走著。

不同於大眾消費一般大量埋單，而必須精確地找出那群會來看該電影的社群，實際上要擬定能將資訊送往該社群的縝密策略、做好精準的訊息到達才行，但音樂業界與電影業界卻連這層認知都沒有，就直接進入了二〇一〇年。

不過，內容業界卻將自身不具備正確廣告宣傳策略一事束之高閣，而將市場縮小的原因怪罪於「網際網路的違法下載」、「市場被網路吞食掉了」，並不斷重複這些不實的指控。

即使像這樣將責任強推給網路，持續主張毫無根據的勸善懲惡論調，根本什麼問題也解決不了。明明很清楚真正的原因在別的地方，他們卻不想正視它。

HMV被迫關閉澀谷店的真正原因

二〇一〇年夏季，澀谷的大型CD唱片行「HMV澀谷店」關店了。這家店是HMV旗艦店，名氣非常響亮。因此，它的HMV澀谷店結束營業也在樂迷之間造成非常大的衝擊。

在報紙或電視上，頻頻大幅報導關店的原因為「受到網際網路音樂下載所迫，營業額陷入低潮」，論調中將所有責任歸咎於網路的興起，但原因真的只有這樣嗎？

主宰日本獨立音樂唱片公司Wonderground的加藤孝朗在自己的部落格中記載著不同的看法，內容充滿對音樂的熱愛，是一篇非常棒的文章。接下來介紹一下部分內容。

ＨＭＶ澀谷店在一九九〇年代有一段時期，曾擔任「流行文化大本營」的角色。「帶領風潮的澀谷派當然不在話下，就連海外新的動向也總是最早注意到並且加以介紹，擅長的種類眾多，一般都會認為這種領域的ＣＤ去ＨＭＶ澀谷店找的話一定會有，ＨＭＶ澀谷店在這方面建立有足以傲人的絕對信用。」

這股力量源自稱為採購的每一個店員，所具有的高度意識及良好品味和熱誠。

「按照英文字母順序排列的ＣＤ架位之外的壁架，是屬於採購人員們以各自獨立的企畫介紹許多的場景故事，並熱心地手寫富含正確評斷的解說ＰＯＰ海報，消費者根據該解說而購買ＣＤ，拓展自身的音樂見識。在消費者知識不斷擴張之下，仍永遠保持在更上一層樓的採購資訊，在沒有網路的時代，確實發揮身為媒體之一的功能，而且，店裡總是充滿顧客所散發出的熱烈與興奮之情。」

然而，HMV的CD架上陳列的商品逐漸變質了，為了營造店面高級美觀的風格，手寫的POP改成印刷的解說POP，而且這些POP變成全日本HMV統一格式。而且，POP或看板都被納入完整包裝的廣告賣給唱片公司，也就是成為交易的一部分——「只要支付廣告費，全日本HMV在店面的解說POP就留空間給您」。

結果呢？

HMV無論在哪裡的店全都氣勢如虹地達成整齊劃一，在那之前採購人員所擁有的個人特色，幾乎消失殆盡，採購人員的工作，不再是自己找出具有特色的音樂家或真的很棒的CD，而淪為只是將總公司藉由強勢通路的力量千篇一律配送來的音樂作品，剩下的只是上架陳列而已，頂多放上做好的看板並附上POP這些單純的動作。當回神過來時，那個原本光芒四射的HMV澀谷店，已經變成毫無個性而冷冷清清的一家店了。

大眾符號消費的滅亡

加藤氏在部落格的貼文中進行如下的總結：

「所以，不是特別令人驚訝的事，事到如今，也不算要到媒體大肆報導程度，下載或亞馬遜（Amazon.co.jp）也都不是關店的原因。

原因終究還是，人。

原因終究還是，音樂。

至少，我是這麼認為的。」

「原因終究還是，人。」這句話，其中潛藏著極為重要的含義。

大眾消費已滅亡，而在這個產生出無數個新社群的資訊圈中，資訊的流傳方式有決定性的改變，那就是從人到人，只有透過人的串連才能流傳。這部分留待下一章之後再詳細說明，但看來HMV對於這個新資訊流通的變化，似乎完全未能察覺了解吧？

一九九〇年代的音樂泡沫，煽動業界陷入一律只管單向灌入大量資訊的大眾消費模式，其結果讓業界連原本應該擁有將優質資訊送達消費者的力量本身都喪失了。

從電影以及音樂的這個歷程，接下來，我們來說明一下「零零年代」（譯註：二〇〇〇年至二〇一〇年）的巨大變化。

大眾消費逐漸走向滅亡，現在已經是個嚴峻的事實，曾經業者將同樣的資訊一致地單向傳給消費者，其中交疊「別人有買，所以我也應該要買」、「我要比同事買更好的」這種虛榮心作祟的符號消費，而促進了大量的消費，不過，因為這些因素而買東西的人已經愈變愈少了。

如果說這種大眾消費模式即將消失的話，在未來前方的世界裡，我們究竟將會進行什麼消費呢？

也有另一種想法認為，這是符號消費本身的滅亡。

所謂符號消費，指的不是消費商品本身，而是消費隱含在商品背後所代表的社會價值（符號），商品除了本身所具有的功能性價值之外，還具有在現在社會中該商品所代表的社會價值，這種價值反而比較受重視，消費者往往變成是在消費那層符號性的附加價值。例如轎車的功能在於「用以載人移動的工具」，但對於賓士（Mercedes-Benz）等高級進口車就會加上「坐高級外國車的名流」這類社會含義，於是買賓士的人大部分都不是為了買賓士的轎車本身，而是在買賓士所代表的社會地位，這就是符號消費。

如果將這種符號價值逐漸淡化而變得沒有意義的話，買車只要單純選「用以載人移動的工具」就好了，事實上，最近的年輕人當中，認為「買進口車或高級車太浪費錢了。單純只是代步移動的工具，所以買輕型車就夠了。」而購買便宜中古車的人似乎有增多的趨勢，所以看來由符號消費回歸功能消費的人不在少數吧，便宜又舒適的優衣庫（UNIQLO）等快速時尚（fast fashion）會流行，一般也認識為功能消費化的一個表徵。

然而另一方面，不會所有的消費都轉變為功能消費，原因在於畢竟我們是社會性的動物，所謂消費在社會性框架中，具有重要意義的行為，所以換句話說，我們與社會相關的環節之一，就是進行消費。

在此暫時離開消費的話題，我們先來思考一下日本在第二次世界大戰之後的心境轉變。

年少的水谷豐想逃離什麼？

一九七六年，有一部名為《青春之殺人者》（暫譯，原名『青春の殺人者』）的電影上映，這是長谷川和彥導演的名作，長谷川和彥導演是日本史上最重要的電影人之一，卻只留下這一部和《盜日者》（暫譯，原名『太陽を盗んだ男』）二部電影作品。《青春之殺人者》曾獲選為《KINEMA旬報》年度最佳日本影片第一名等，受到高度評價。順帶一提，男主角是少年模樣的水谷豐，女主角是原田美枝子。

我在上映當時並沒有去看，而是進大學後於一九八〇年代初期，記憶中是在池袋的地下電影院還是哪裡的經典電影院，在無意間偶然看到這部片子，看完之後，內心受到非常劇烈的衝擊。

故事描寫在靠近成田機場的千葉縣中荒涼的鄉下，二十二歲的男主角齊木順（水谷豐飾演）與青梅竹馬的女友螢子（原田美枝子飾演）一起經營父母給的庸俗日式小酒吧「凱薩琳」。

順最大的困境就是母親（市原悅子飾演）過度干涉，母親動不動就執拗地責怪順「螢子是個騙子」、「不早點跟螢子分手的話，那個像蛇一樣的身體會把你纏得緊緊的」等，似乎是因為自己的兒子被搶走而感到忌妒。

他在陰鬱苦悶的生活中，完全感覺不到未來的存在，店裡變成暴走族逗留的場所，工作也不順利，打開小酒吧的門只能看見灰暗的天空，卡車轟隆轟隆地駛過，秋麒麟草（Goldenrod）生長茂盛，這個蕭瑟的街道風景正是順內心的寫照。

男主角順，就連車子都被雙親取走而無法以車代步、脫離令人窒息的家，為了想辦法將車子拿回來回到老家，卻遭到父親（內田良平飾演）嚴厲地質問有關螢子的事。

「妳知道為什麼她的耳朵會聽不見嗎？」

「因為螢子吃了家裡無花果樹上的果實，被她的母親罵。」順說道。

然後父親回了這樣的話：「她家裡根本沒有什麼無花果樹，長在廁所旁邊的那棵是八手樹」。

接著，父親一吐為快地說出：「那個女人為了媚惑男人，什麼謊言都捏造得出來」。

父親對順說明，當年，螢子的母親帶回家的男人非禮螢子時，剛好被螢子的母親撞見，這才是她打螢子的原因，父親口中說出的那些既無情又殘忍的話語，讓順無處宣洩的憤怒，達到了臨界點。

產生殺意的瞬間。

這部電影厲害的地方，在於完全沒有描寫兒子殺害父親的場景。

只聽見，從遠方傳來火車過平交道的警鈴聲。

順的眼中充滿殺意。

雨又急又大。

然後怎麼了呢？觀眾無不屏息以待下一幕時，畫面突然切掉。

下一個鏡頭一開始，是外出的母親進門將傘收起，一面笑著從玄關高聲向廳內問道：「你要吃完晚餐再走喔！」

母親走到廚房。

映入母親眼簾的是，喘著氣手拿菜刀、失神地直立呆站著的順，以及，倒在血泊中的父親。

「死了嗎？」

「我去找警察自首，我一個人去。」

母親抓住口中這麼自言自語的順，竟說：

「既然事情已經演變成這樣，就我們母子倆一起過活吧！你去讀大學，上研究所，等過了十五年的法律追溯時效，到時候再娶個老婆，這樣不就好了？」

就算在弒父這種最糟的情況下，母親還想要控制順，將順操弄於掌心。

當順回過神來的時候，已經連母親也刺殺了。

他從保險箱搶走錢，離開家，在服飾店買了新衣換上，然後在店裡潑灑煤油後縱火，告別自己過去所在的場所，揚長而去。

出走也算遊玩的一九八〇年代

這部《青春之殺人者》的主題是在描述情緒沒有出口、沒有未來可言又無處可逃的痛苦，與雙親之間苦悶的人際關係，在成田這個封閉的地方城市，屬於自己的地方被暴走族霸占而不自由，雖說是可以安居的穩定場所，卻充滿令人窒息的空氣。當時的年輕人，多多少少都與水谷豐所飾演的主角一樣，有著相同的窒息感，而想逃離那個場所——家。當時還二十歲的我，看了電影會受到那麼大的衝擊，也是因為感受到對那份無計可施的苦悶，心有戚戚焉。

我當時的感覺是這樣的——現在的大學生雖然可以申請延畢，但是，總有一天成為上班族，每天必須去擠如沙丁魚罐頭般的地鐵或捷運，並在公司與上司和同事過著苦悶的團體生活。

難道，沒有什麼逃脫出走的辦法嗎？

我這麼想著，就真的輟學，大學幾乎都沒去上課就被退學了。但當同學們都進入社會開始上班的時候，我逐漸開始感到不安，結果就進入以「學歷不拘」為賣點的報社工作，不知不覺間賣弄著愚昧的同時，也已經邁入不眠不休拚命工作的「社畜人生」（譯註：比喻為公司做牛做馬之意）。

反正當時的輟學，也只是人生軌道中的「繞道蹓躂」而已，完全不會像現在一旦脫離正軌，就會有被迫一生只能當低收入的派遣員工或打零工的不安，那股單純只是因為「總有一天，還是要吃苦悶村落社會的飯，只是想辦法拖長在那之前的延畢期間」這種很輕鬆簡單的逃脫願望，在當年占領了我大半以上的心神，而且這樣的心情，恐怕當時的年輕人都有共同的感覺。

到一九八〇年代為止，在那時候對包含我在內的大部分日本人而言，和順一樣從

「自己目前所生活的苦悶場所」逃離，是人生中很重要的課題之一。

手槍殺人魔的青春歲月

再聊一個例子，這次是一個罪犯的故事。

一九六〇年代末，有一名叫做永山則夫的十九歲少年，在東京、京都、函館、名古屋陸續以手槍射殺人並逃走的事件。永山不久之後遭到逮捕，後來在獄中執筆名為《無知的淚》（合同出版）的札記，成為暢銷書。他在獄中自學哲學和文學，於一九八三年著作的小說《木橋》（立風書房）獲得新日本文學獎，在文壇上受到一定的評價。

一九九七年，永山則夫在東京拘留所處死時，才四十八歲。

永山的人生是戰後社會的某種象徵，他出生於北海道網走這個偏遠鄉下的貧窮人家，在母親娘家青森縣長大。因為極為貧窮，長期經常遭人瞧不起，他只有一個夢想，就是要脫離那個家。他一直深信只要中學畢業去東京，一切都會變得很順利。因為中學曠課大半，眼見恐怕無法順利畢業，在畢業前，他去導師家裡，身體僵硬地搖著頭哭求老師：「無論如何我想畢業，我想去東京就業」。

可見得對他而言，從現在的所在之處逃脫，是多麼重要的事。

後來，因為他集體就業（編按：從鄉下集體到都市謀生）而上京來到東京，開始在澀谷高級水果店（現在還在的那家名店）工作，受哥哥邀約登上東京鐵塔，從上面俯瞰東京市街，對於這個自己好不容易到達的夢想之都，眼下東京王子飯店寬闊的庭園和豪華的泳池，深深烙印在他的腦海中。

但是，那只不過是他自己的幻想。

畢竟，永山就只不過是個因集體就業從青森上京來的貧苦鄉下人，東京的人們只會將他看成這樣的一個存在。社會學者見田宗介在一九七三年的論文〈目光的地獄〉（河出書房新社）中，將之稱為「目光的囚人」。

所謂目光，就是指人們以包裝自己的身分識別（Identity），而強求包裝所規定的內容。

見田將這樣的包裝分為「具象的表層性」和「抽象的表層性」二種，前者是指服裝、儀容或攜帶物等外觀的包裝，後者是指出身、學歷或頭銜等屬性的包裝。

在戰後的社會裡，人們受這些包裝所限定，穿西裝打領帶，並且拿著大企業名片的話，一般就會給他「有信用的認真上班族」的身分識別，如果身穿夏威夷花襯衫，戴墨鏡再配雙海灘拖鞋，無論如何就會被冠上「流氓、混混」的身分識別。雖然穿夏威夷花襯衫配海灘拖鞋但實際上是很認真的上班族，這種人在二〇一〇年代的日本也不是那麼少（我認識的熟人中就有不少），不過，在一九八〇年代左右之前的戰後社會中，這樣的人會引起符號混淆，是令人討厭的存在，是不被認同的。

永山則夫在這樣的包裝社會中，從分別從具象和抽象這二方面的包裝被冠上「原籍出身網走偏遠地區的鄉下人」、「因為集體就業而來東京的年輕人」、「臉上有傷口的人」這樣的身分識別，而成為只會被都會人以這個包裝看待的「目光的囚人」，這正符合見田所指出的現象。

他想要逃離那個眼光，將別的包裝纏在身上，目標在於獲得新的身分識別。因此，他採取的行動就是所謂符號消費，努力希望藉由購買具有其他屬性的包裝轉變成別的身分識別。

例如舶來品香菸——寶馬（Pall Mall），就不屬於集體就業年輕人會抽的菸。永山則夫在獲得新日本文學獎的小說《木橋》中就曾這麼描述：

「這時候抽的是叫做『寶馬』的洋菸，說起這個，要先介紹會開始抽菸的理由，是因為他看到其他的苦力們大多抽叫做『新生』（Shinsei）的日本國產菸，抽到只剩菸屁股了還在抽的那股寒酸相，覺得很反感，所以對當時的N少年而言，這種價錢很高的洋菸，是可以舒緩他心情的唯一依靠。」

該小說中，主角和老闆娘還出現如下的對話：

「你抽的菸很少見喔！」

「是嗎？嗯，因為抽這種菸看起來比較帥。」

「你幾歲？」

「二十二歲。」

「那，是學生嗎？」

「之前是啦……」

「這樣啊……」

當然說之前是學生是騙人的，後來永山開始隨身帶著印有大學生頭銜的名片，他當時是想藉由洋菸和名片這些包裝，取得大學生的身分識別，占據當時還算是精英層的一角。

永山一心想逃離這種如牢獄般包裝的目光，希望能夠自由。他拿起高中的教科書拚命念書，同時還買了吹風機，並且穿上新襯衫抽洋菸。這些舉動無一不是為了具體實現逃脫「集體就業的貧苦青年」這個包裝的願望。但是當他在讀高中教科書時，週遭的人就以「集體就業的上進青年」的目光看他，當他打扮時髦抽著洋菸，頭髮還用吹風機造型時，週遭的人就只以「集體就業卻學壞，不求上進甚至快要變成混混的年輕人」的目光看他。無論怎麼努力卻始終無法脫離「到都市集體就業的鄉下人」這個包裝，只在包裝的地獄中愈陷愈深。

就這樣，永山對東京也已絕望，開始想著偷渡到國外。他真的在神戶企圖偷渡但失敗，後來他躲藏在橫須賀的美軍基地，並偷出二十二口徑的左輪手槍，然後再次回來到象徵東京的東京王子飯店那個豪華的庭園。

不料在飯店庭園卻遭警衛叫住，他想逃跑而不自覺地開槍，結果射殺了警衛。然後他繼續逃亡，途中射殺了三個人，後來半年後，在潛入千駄谷的升學補習班中想要偷東西時被發現，於是遭到逮捕。這期間，大眾媒體持續報導為「手槍連續殺人魔」，引起社會震撼。

被捕時，據說永山身上帶著如下的東西：勞力士手錶、朗森（Ronson）打火機、明治學院大學商學部的學生證。他直到最後都還執著於符號消費，認為新的包裝應該可以改變自己的身分識別。

村落社會消失，開始變透明的自我

這種由他人的「目光」形成牢獄的情況，從第二次世界大戰前就長期存在於農村社會，隨著戰後農村崩解，龐大人口移動進入城市時，在城市中形成相同的社會結構，而延續助長了這種「他人的目光形成牢獄」的社會現象。

然而，一九九〇年代之後這種「戰後社會」的社會結構迎向終點，高度經濟成長期結束，全球化將日本經濟吞沒，以經濟呈直線成長為前提的社會中產階級逐漸消失。

象徵這種一九九〇年代之後精神層面的社會事件，就是一九九七年化名為「酒鬼薔薇」（少年A）連續殺人傷害事件。屬於師承見田宗介的子弟兵中，有一位社會學者大澤真幸指出，對永山則夫而言，「別人的注意」是地獄；但是，對於化名為「酒鬼薔薇」的少年A而言，「缺乏別人的注意」才是地獄；可以說，這實在是厲害的分析。

少年A所寫的犯行聲明文（譯註：犯人在第三件劇場型殺人案中寄到報社挑釁警方的信）中有一句說道：

「我之所以要特意引起世間注目，是希望長久以來透明的存在的我，即使在各位想像中也好，能成為至少是確實存在的一個人。」

大澤真幸在《不可能性的時代》（岩波新書）一書中，對這段話說明如下：

「所謂『透明的存在』，意指別人不注意的人。少年A（酒鬼薔薇）是想要跳脫透明的存在，藉由犯罪而獲得別人注意，雖然那是否定的目光；至少，能夠吸引別人的注意，勝過被人忽略（透明的存在）。」

這種「渴望獲得別人注意」的想望，在進入二十一世紀第一個十年，仍然持續流淌在時代的底層。

二〇〇八年六月八日，日本發生東京秋葉原街頭連續殺人傷害事件（編按：以貨車衝入秋葉原行人徒步區，下車後以匕首和藍波刀見人就砍，造成七人死亡、十人輕重傷）。在現場遭逮捕的加藤智大被告在發生事件之前，就已經在行動電話留言板上留下大量預告犯案的留言。

「明明絕對交不到女朋友的。」「如果放棄的話，就能獲得幸福的。」

加藤被告身為派遣員工既對未來不抱希望，又窮又沒朋友等，應該有各方面的煩惱，但他卻老是只不斷地寫他沒有女朋友很寂寞，想交女朋友這類的留言。

被捕後警察調查時，他的供詞也是這樣：「總歸一句話，我是為了彰顯自己。我想讓世界上的人了解我是多麼煩惱和痛苦。我也像一般人一樣想要戀愛，擁有家庭，但卻無法和異性交往，工作上也煩惱不斷。我希望他人能了解我這樣的心情和煩惱，但卻沒有人了解我。」

「那時候，公司置物櫃裡找不到我的連身工作制服，我覺得，自己在公司也是個可有可無的存在，就想告訴大家我有多麼煩惱痛苦，所以就犯下這樣的案件。」

但在事件經過二年後，二〇一〇年七月，當法庭首度執行被告人訊問時，他改稱自己的犯案動機如下：「我告訴板主，網路的留言板討論串裡，有人冒充我的身分、做出粗魯的行為，請留言板的管理者處理。其實，我當時是想要通知他自己犯案的事」。

就這樣，他坦承會寫下「沒女人緣」、「交不到女朋友」等，全都是引人注意的「題材」。

而他供述這麼做的原因，是為了讓自己在留言板的世界中被他人接受，所以想要藉此「尋求讀者」。

「我很期待會有來自讀者的回應，只要有回應我就很高興，覺得『我不是孤獨一人』。留言板對我來說，是容身之處，讓我感覺自己並非孤獨一個人。」

加藤被告反覆地用如數家珍般的口氣，多次說明留言板對他自身而言是什麼樣的地方。

「因為留言板是無可取代的重要存在。」

「我很重視留言板上的人際關係。」

「對我而言是如同家人般……，形同家人的人際關係。」

「老實說，（和朋友們）可以談得來的關係很重要。」

「我的歸屬，是讓我可以回歸自我的地方。」

秋葉原事件——為什麼派遣員工成為殺人犯？

關於加藤被告之所以引起凶殺事件的動機，他本人供稱是因為那個實現「形同家人的人際關係」的地方，被殘酷的第三者破壞得亂七八糟。

「我想藉由引發這樣的案件，讓他們知道他們做了令我討厭的事，並希望他們去思考這個事件擁有令人贊同的情節。我想確實有傳達到我真的希望他們能停止（粗魯的行為或冒充身分）的心情。」

這些在法庭上的供詞是否是他真正的心境，雖然不得而知，不過從這些供詞可以看出透過網路與他人接觸時的雙重反轉。

像二頻道（2ch）這種匿名留言板，原本就是宏偉壯觀的「題材」世界，例如二頻道用戶（2channelor）們所處的社會階層，通常在報章雜誌或電視新聞等大眾媒體中，深信多數是繭居族（編按：一個人躲在家中足不出戶、拒絕與社會接觸的族群）、尼特族（編按：不是學生、不工作、也不接受職訓的人，原文為NEET，是Not in education, employment or training的縮寫）或打零工之類的社會邊緣階層，事實上，在留言板上自嘲地評論自己身為這樣階層的人，也不在少數。

然而，另一方面也有人指出，事實上匿名留言板的使用者是以三十歲到四十歲的上班族為主，因為在技術類等專門領域的場所，實際上有過極為高層次的技術討論，如果是以社會邊緣階層占壓倒性多數的話，一般認為確實應該少有程度那麼高的討論。

換句話說，所謂匿名留言板，應該想成是實際上過著普通社會生活的人們交換自嘲的話題題材，以極度嘲諷的說法尋求笑點的地方才是合理的。因此笑點雖然屬於自嘲的嘲諷口吻，但在自嘲與嘲諷的背後，仍可窺見人生的真實面及內心真正的心聲，所以，雖然當中混雜著粗暴的用字遣詞或特殊用語而令人容易混淆，但實際上網路的留言板是屬於進行極高度溝通交流的場合。

在村落社會崩解的現今，人們在社會上已經愈來愈難有良好的接觸，有些絕對不能對朋友或公司同事說的煩惱，利用可以匿名的這個包裝將自己包裹起來的網路留言板等告白，因此而獲得療癒的人也與日俱增。就這個層面來說，無論是網路中的關係或是現實社會中的關係，可以說同樣地都存在於同一個平坦的地平線上吧？只是接觸的形態與目的有所差異罷了。說得再深入一些，可以說無論是網路中的關係或是現實社會中的關係，都同樣是受溝通交流能力左右的高度來往的世界。

在這種高度接觸的場合，加藤被告為了獲得其他使用者的認同，想要以「醜男」包裝自己。

他在現實社會中絕不到「醜男」的程度，他自己似乎也這麼認為，他供述自己其實也有朋友，不過一方面身為派遣員工對未來沒有信心，自己又很貧窮，和雙親的關係也處得不好等，抱有諸多煩惱。

這樣的雙重結構成立在極為危險的平衡之上，可以說，潛藏著可能馬上就反轉為斷絕溝通交流（短路）的危險性，他沒有自信以真實的自己在網際網路上進行接觸，因此想藉由反轉成「醜男」而勉強與網路的留言板接觸，但這麼一來，就無法朝讓別人認同自己真正煩惱和心聲的方向前進，這正是招致短路的原因。

某位二頻道用戶針對加藤在法院審理時的供詞，留下了如下的意見：

「真不坦率啊！正因為在現實社會中無法坦率，可以揭露真心的留言板才成為心靈寄託，不是嗎？」

但是，就連在留言板上，他也無法坦率。

農村、以及戰後企業將員工完全包覆，在其中形成令人幾乎窒息的群落，這樣的社會結構到一九九〇年代之後步入尾聲，而躍出至日本社會中心的新課題是「人與人該如何接觸？」「要怎麼做，自己才能獲得他人的認同？」。

曾經「吃大鍋飯」、「無論工作、喝酒或玩樂都在一起」那種三百六十度全方位的交往關係已然消失，現在轉變成多方位的交往關係，工作或吃喝玩樂、家人親情這些人際關係，在個人內心分別各自確立，並分別建立良好的關係。

那個曾有的苦悶感已經消逝，出走的願望也不再出現，現在逐漸變成新的人際關係，通風良好，簡直好到像颳著疾風的荒野上，只有自己獨自站立著一般。但這樣的關係轉變，會讓人陷入不安也是事實。

與人串連的渴望改變了消費市場

這種「對目光的欲求」、「與人串連的渴望」社會思潮的背景投射，也深刻強烈地反映在消費市場上。

說穿了，所謂的「消費」，不過就是用以確認個人與社會之間建立什麼樣關係的手段。

我們身為社會性的動物，生活在這個社會中，總是不斷地在確認自我與社會的關係。

成家、立業、從事喜愛的休閒活動、投票選舉、從媒體獲得資訊，甚至支付相應的對價以購買各種商品或服務，這種種行為，不外乎都象徵著個人與社會的關係。

在日本戰後社會的時代中，將消費當成武器，藉以掙脫貧窮、逃離苦悶的「村落社會」，就如同永山則夫去購買寶馬洋菸、勞力士手錶和朗森打火機一樣。

連轎車似乎也是如此。

「現在雖然是開冠樂拉（Corolla），若升職成課長就換可樂那（Corona），總有一天，座車會升級成皇冠（Crown）。」

像這樣將座車的等級和自己的升遷、收入相結合的情形，當時是很普遍的想法（不過，現在聽起來只覺得實在很不可思議），只要座車升級，在職場上出人頭地，就能從受這種充滿窒息感的空氣主宰的階級轉而成為主宰階級，或者能從窒息感中獲得解脫。換句話說，「永遠的欲求不滿」控制著消費行為。

要發展出像這樣將物質與自我身分相互結合的價值觀，前提是必須先存在「整體社會對於該物質本身做為符號的價值具有共識」這個基礎，以前這種符號價值的共識，是因為憑藉大眾媒體資訊統一化的推波助瀾，電視廣告（TVCM）、雜誌廣告、報紙廣告都響亮地歌誦著物質的符號價值，而消費者別無選擇地只能全盤接受這些資訊。

在開始邁入泡沫經濟的一九八〇年代，是過度消費在這種在大眾媒體催化之下，達到最高峰的時代，以下是當時風靡日本社會的廣告文案：

男人要靠女人、朋友和好酒磨練。

——三得利（Suntory）威士忌禮藏系列，一九八二年。

我們覺得，護髮，才有男子氣概。

讓我告訴你，和別人比較，是多麼沒意義的事。

——獅王（Lion）洗髮精與潤髮乳Topboy系列，一九八八年。

雖然手頭有點緊，但是，因為一輩子只有一次，就心一橫，把三個月的薪水全部拿去買訂婚鑽戒。一看到她高興的笑容，我覺得，自己更成熟了！

——日產（Nissan）汽車Fairlady Z，一九八一年。

——戴比爾斯（De Beers Group），一九八一年。

泡沫經濟全盛時期的一九八九年，銀座華盛頓（Washington）男士精品公司在雜誌上推出的系列廣告中，「好鞋子，讓男人更上一層樓」的廣告文案，正是大量過度消費臻至頂點的最佳寫照。

在第五集「在E航空公司服務、年資邁入第十五年的谷村先生，最近愛用的是路易・威登（LV，Louis Vuitton）和華盛頓精品」的系列廣告中，文案是：

「首先，住宿方面，如果在東京，谷村先生總是入住離成田機場距離適中的東京灣喜來登大酒店（Sheraton Grand Tokyo Bay Hotel），單手拿著喜愛的路易・威登皮包辦好入住手續。有時他會預約雙人床的客房——我們就此打住，再深入的話，恐怕會顯得不近人情。」

在第六集「在F設計事務所任職達第五年的藤井先生最近愛用的是卡希納傢俱（Cassina）和華盛頓精品」的系列廣告中，文案是：

「讓藤井先生這樣大幅度轉變的是從去年長達半年的義大利之旅結束後開始，除了對於工作當然不在話下，另外，從西服的搭配穿法到隨身用品的選擇都變得深具美感品味。轉變之後，甚至重新注意到陳設於辦公室內的卡希納傢俱的優質與美感，還有喜愛的休閒活動也是，開始熱衷於自製小型獨木舟或是到劇院聆賞歌劇表演等。」

雖然我清楚意識到自己只是將這些當作是題材，但是，現在一讀到這些文案，不論是哪個片段，都會讓我渾身不舒服、感到反胃不已（不過，在一九八〇年代，當時只有二十歲的我讀到時，明明覺得這樣的文案很酷的……）。

像這樣以「所持有的物品」表達自我，甚至進一步提昇自己社會地位的想法，在當時是很普遍的事情。

那是一個從大眾媒體上取得消費資訊，用服裝或所有物等「具象的表層性」包裝自己，而且這些包裝的價值觀基礎，則是在於藉由大眾媒體讓大多數國民達成共識的時代。

包裝（package）。

大眾媒體。

令人窒息的村落社會。

過度消費。

這所有的一切在當時彼此緊密相關而串連成一個巨大整體，從而構成戰後的消費社會。

透過「購物」與他人串連

然而，這樣的消費社會在一九九〇年代，走向了終點。

從一九九〇年代後半開始，經濟呈直線成長的情況宣告結束，不能再像以前那樣期待收入持續增加且社會地位可節節高昇。

再說就算是現在任職的公司，能持續工作到何時也無法確定，公司倒閉的風險、被解雇的風險等，各種可能性將我們團團圍繞，使得我們不得不單獨正面迎接這些風險。

在這樣的社會中，「擁有好車就是出人頭地的成功人士，是值得崇拜的優秀人物」這樣的幻想本身，再也無法成立了。

加上網際網路的盛行，瓦解原本大眾媒體掌控資訊的流通管道，資訊的社群（biotope）持續小眾化，若要「抽寶馬洋菸看起來就像有錢的大學生」這種過度符號消費成立，前提必須是大家彼此相互先建立有「抽洋菸的年輕人就是有錢的大學生」的共識，而為了建立這樣的社會共識，必須透過電視或報紙、雜誌等大眾媒體向群眾廣為傳播。

換句話說，因為電視或報紙、雜誌等大眾媒體的資訊傳播迴路堅不可摧，這樣的共識才得以普及化，大眾媒體與符號消費兩者猶如共乘在同一條船上，是無法切割的關係。

不過，一旦大眾傳播媒體的力量式微，資訊傳播走向社群化，這樣的共識就瞬間瓦解，而身在同一條船上的符號消費也跟著日漸衰退。

比方說，一九八〇年代左右，日本社會普遍存在「聽西洋歌曲比聽日本歌曲更酷」、「聽古典音樂比聽爵士樂或流行音樂更高尚」的共識，因而當時有很多年輕人明明不是真心喜歡，卻一心想要偽裝高尚而勉強自己聽古典音樂，這就是過度消費的心態。然而，現在這樣的人正逐漸消失當中。

「喜歡西洋音樂的人」、「喜歡日本流行音樂（J-POP）的人」、「喜歡古典音樂的人」、「喜歡爵士樂的人」各自形成自己的社群。換句話說，「御宅族」（譯註：指熱衷於次文化，並對該次文化有極深入了解的人）形成各種五花八門的「小圈圈」——這樣的時代已經來臨了。其中只有「古典音樂御宅族」，而「聽古典音樂的是上流社會人士」的想法，不過只是被當成笑話的題材罷了。

在這樣的時代中，所謂的消費，到底是為了什麼而形成的行為呢？

「酒鬼薔薇」事件中的犯罪者少年A，自認「透明的存在」，即使是成為殺人犯，他也希望獲得別人注意到他的存在。秋葉原連續殺人傷害事件的被告加藤智大，以「醜男」為題材在留言板上希望尋求其他人的認同。像這樣獲得他人的認同、建立和社會的接觸，正是在現代這個透明且溝通順暢的新社會結構中，每個人最重要的課題。

而且，如果消費是用以經常確認自己與社會間關係的手段，那麼，消費本身也不得不改變成為認同與接觸的表徵。

那是在消費行為本身背後，原本就隱含的認知他人存在、與他人串連並獲得認同。

消費——就是這種認同與接觸的工具。

而且，這些「認同與接觸」必須建立在彼此可以相互共鳴的基礎上，而這個「能引起心有戚戚焉的共鳴」、「可獲得同感」的基礎，其實正是所謂的脈絡、情境（context）。

做為消費的內容包含有商品、資訊或服務，圍繞這些消費的脈絡、情境，為什麼我們存在當下這個地方這個時間？這個商品以什麼方式展現給我們這些意涵？透過消費，我們與怎樣的世界及什麼樣的人們串連？隱含在消費背後的是嶄新的世界？還是懷舊溫馨的場所？或者是颳著疾風的荒野呢？

英文中context這個詞，一般翻譯為「上下文」、「前後脈絡」（context也有情境的意思），像這樣經由消費得以串連人與人之間的空間，在形成該空間圈的某種故事般的上下文就是。

透過連接這些故事情節成為context，我們才得以互相認同並串連彼此。

福井市一家小眼鏡店的故事

我幾乎每年都會拜訪一家製作眼鏡的商家——位於福井市的「田中眼鏡本舖」。

要拜訪這家店不是一件簡單的事，住在東京的我必須從羽田機場搭乘國內線班機到石川縣小松機場，再從機場租車，開車大約一小時後才能抵達，在北陸高速公路的福井北交流道下來之後，沒多久，就會看見店家星羅棋布，從遠方只能望見國道旁量販店的蕭瑟街景，這家店就位於這樣的道路沿線上，若是平常開車的話，恐怕完全不會發現，車子就開走了。

因此，當我遠從東京花費幾個小時，終於抵達這家眼鏡店時，總是滿懷著「真是一趟漫長的旅程啊！」那種公路電影（road movie）一般的感傷，而路途的確就是這麼遠。

在東京，有數不盡的眼鏡店，其中也包括著名品牌的直營店；而且，也有許多具有鑑賞力的專業行家。既然如此，為什麼我依然持續每年拜訪這家眼鏡店？

這一切，完全只為了能與這家店的老闆田中昌幸見面的緣故。

田中先生長得像稍微蓄著短鬚的歌手槇原敬之，他對眼鏡有著莫大的熱情，一字一句都是愛，像「以宛如嫁女兒的心情，賣出每一副眼鏡」的話語，感覺不經意之間，這句話可能就會脫口而出的人。

福井的友人向我敘述，二〇〇四年當他第一次走進這家店時的情形。

「和妻子隨意走進去之後，感覺眼鏡很時髦、有些距離感，心想，這家店似乎價格不低，正準備離開時，卻不知不覺地拿起架上極具設計質感的眼鏡。那一瞬間，田中老闆問道：『那副眼鏡很棒吧？』然後，開始說起有關那副眼鏡的種種故事，我對那些故事與田中老闆說故事的樣子很著迷，當場就決定買下眼鏡……。」

這位友人事後回憶：「我不是對眼鏡著迷，而是對田中老闆著迷。」

當顧客在店裡長時間徘徊後選擇的一副眼鏡，田中老闆會傾全心全力調整（配合臉型），他先彎腰呈半蹲姿勢與顧客正面面對，睜大靈活的眼睛一邊凝視眼鏡、一邊細微調整位置及寬度，因為田中老闆異常專注的凝視，接受調整的人甚至不知該將視線朝向何處而感到尷尬。

從事關鍵字廣告生意的友人向我介紹了田中老闆，進而與田中老闆往來逐漸變得頻繁。

緊鄰福井縣（Fukui）鯖江市（Sabae）是世界知名的眼鏡產地，在日本國內市占率高達九成以上，在全球市場上也擁有百分之二十的市占率，是生產眼鏡的一大據點。田中眼鏡本舖身為緊鄰這個生產地的零售店，似乎有貼近生產業者與設計者的地利之便，有助於眼鏡的銷售。

田中老闆因而知道有關眼鏡的五花八門的故事，例如著名手工眼鏡CONCEPT Y。這是由一家名為「ONE OFF工作室」製作，當地設計師兵井伊佐男設計的眼鏡。

這是一款設計上與傳統眼鏡差異很大的眼鏡，一般的眼鏡支撐鏡片的框架（據說稱為框面）（譯註：在此主要是指上框面，也就是接近眉毛的部分）與鏡腳（譯註：鏡框中掛在耳上的部分）是用螺絲連接，而CONCEPT Y則是將框面與鏡腳分離，改為各自可自由移動而得以調整。框面與鏡腳僅以鼻子上方部位的一點相連接，乍看之下，似乎是很不穩定的構造。

然而，不論是鏡腳或是框面都是用類似鐵絲般的金屬線材製作而成，這種金屬線材柔軟的特性妥善彌補不穩定的構造，使其成為質地非常輕盈而且強韌堅固的眼鏡，只能說是絕佳精妙的設計。

我在田中老闆店裡試戴CONCEPT Y時，佩戴時的舒適感，讓我內心受到些微衝擊，它輕盈的程度讓我幾乎忘了眼鏡的存在，不但完全沒有壓迫感，而且由於框面與鏡腳分離，眼睛與鏡面以及臉部尺寸與鏡腳之間分別獨立而可各自調整，所以眼鏡可以完全貼合臉部。

田中老闆很起勁地向我訴說這款眼鏡誕生過程的故事——

設計師兵井先生有一位漆器工匠朋友山田。

山田因為有高度近視，非得戴著鏡片很厚重的眼鏡不可。鏡片的重量很重，所以，每戴一段時間後就會因為重量的影響，使鏡腳產生歪斜，每次見面兵井總是會在意山田歪斜的眼鏡，經常為山田修理眼鏡。

山田的臉部相當寬又長，事實上因為臉大，眼鏡的耳鉤掛在耳朵上的部分（ear piece）只有一小部分勉強搭到耳朵上，因此無法完全支撐起又厚又重的鏡片。

於是，兵井思考很久，想為山田製作原創的眼鏡設計，因此，就此誕生了以手工彎曲金屬線材，以分離的框面和鏡腳懸掛鏡片這款具有獨特設計的眼鏡。CONCEPT Y的Y，正是山田（Yamada）英文拼音字首的字母。

後來兵井向眼鏡製造大廠提案將CONCEPT Y商品化，可是廠商不感興趣，這時兵井想到了友人田中老闆，於是兵井找田中商量：

「雖然以手工只能一副一副製作，是否能讓我將這款眼鏡陳列在田中先生的店裡呢？」

田中老闆爽快地答應說：「好啊！」。就這樣CONCEPT Y終於也可以在市面上銷售，雖然說市面上，其實到目前為止，除了田中眼鏡店總店以外，日本全國各地也只有極有限的店家在販售。

先前我提及的朋友也有CONCEPT Y，他說「要是在派對（party）或活動（event）上遇見一樣戴著CONCEPT Y的人，自然而然就會成為朋友喲！」。據說只要戴著CONCEPT Y，不認識的人也會主動來問「那個，莫非是田中眼鏡店？」，然後他就會說「沒錯，就是田中老闆」。

周圍的其他人聽起來大概完全聽不懂他們到底在交談什麼吧，心中也許會想「田中老闆究竟是何方神聖啊」？但是，只有一樣戴著同款眼鏡的人彼此可以透過提到「田中老闆」就能心意相通。

一開始，CONCEPT Y是設計師兵井專為友人山田製作的眼鏡，這個由一人構思製作的商品，透過眼鏡店田中老闆介紹，因而得到許多人的共鳴，然後，形成對田中這位很棒的職人產生共鳴的「迴路」。這意味著CONCEPT Y這款眼鏡不是單純僅提供「視野清晰」功能的物品，也全然不是定位於過度消費下的名牌精品，其中發揮功效的是用於連接兵井、山田與田中之間共鳴故事的迴路。

購買並使用CONCEPT Y是用以認同與連接的故事，而消費就是為了串連上這個故事，就是這麼回事。

田中老闆為何立志開眼鏡店

老闆田中昌幸原本出身於與福井完全無關的九州小倉，離開學校後，在眼鏡店工作，只是普通的上班族，並非對眼鏡特別有興趣；當初只是單純地選擇了這個就業機會，所以一開始不是因為喜歡眼鏡而入行的。

經過幾年，工作方面大抵都能掌握後，大部分的公司職員通常會開始思考今後工作方向的規畫，一旦工作成為日常的例行公事後，通常員工不是熱情盡失，就是變得想更加精進——。

田中老闆屬於後者，他覺得自己好不容易學到這個程度，工作都已熟練，何不試著對眼鏡稍加深入鑽研呢？

當時，田中老闆二十五歲。

於是，他取得休假來到眼鏡聖地鯖江，因為沒錢，所以他從北九州搭乘夜車一早抵達福井，一邊揉著惺忪睡眼，心情卻為之雀躍。下車後，站在鯖江火車站的青年田中心想：「這條街，肯定到處都是眼鏡！」

然而，火車站前連個眼鏡的「眼」字都找不著，鯖江市現在依舊如此，雖然人行步道等修築的非常整潔，但火車站前相當寂寥，幾乎人煙罕至，如同其他地方鄉鎮也是一樣，這裡也嚴重走向人口空洞化。

重新振作精神，與事先約好的眼鏡製造廠人員取得聯繫，安排他參觀製作工廠，這才好不容易來到符合眼鏡聖地盛名的地方，心情當然雀躍不已，但同時內心也受到衝擊。他發現：「有關眼鏡的製造，原來需要這麼多的步驟、如此複雜且繁瑣精緻的作工。目前為止，我所知道的知識，真的只有粗淺皮毛而已……」。

這實在是一趟學習良多的旅行。

回程中在公共電話亭打電話回家時，田中偶然拿起鯖江市的行業別電話簿（town page），隨意翻開「眼鏡」類，「哇！滿滿都是眼鏡製造商！」。

若是一般地方的行業別電話簿，翻看眼鏡類別也只刊登零售店家的電話號碼之類的資訊，可是眼鏡聖地鯖江市的行業別電話簿上，以眼鏡製造商為首，還包含塑膠零件、和鏡片有關或電鍍等等，為數龐大的眼鏡周邊產業的電話號碼一長串地排列開。

青年時期的田中，不由自主悄悄地將那本行業別電話簿揣入懷中帶回小倉老家，顯示田中內心興奮到不惜偷走電話簿的程度，等回過神時，已經深深地迷上眼鏡了。

並且在幾年後，田中離開小倉到福井縣一家大型眼鏡銷售店任職，如願得以在福井縣工作。就這樣一邊持續做為一名公司職員，一邊開始從事小型眼鏡批發商的副業。因為當時的眼鏡製造業者還不太擅長市場行銷，他就肩負起這項任務，開始向各地的品牌複合店（select shop）批發鯖江的眼鏡。

後來逐漸上軌道，專為這項副業準備的呼叫器，甚至因為委託訂貨的聯絡而一整天都響個不停，但是，就在此時，他停下了腳步。

「等一下，這不是我想要做的事，我應該不是為了做這樣的工作而來福井的。」

他當初是希望將好的眼鏡，傳送到了解其優點的人們手中，為了這樣的理念才想來福井工作的。

「我想做的是零售，是開店。」

因此，他將批發副業全部轉交給認識的批發商，就這樣再次等待機會來臨，然後到了二〇〇〇年，在現今的地點開設「田中眼鏡本舖」。

在物質背後可看見人們笑容的時代

多虧我幾乎每年的造訪，近來，田中老闆已認得我的容貌，每次一到店裡他就會對我說：「還有這樣的新商品哦！」，並拿出事先預留的試作樣品推薦給我。

因為我對於名牌精品不是特別感到興趣，所以我完全不知道在鯖江有什麼樣的製造商、或者在全球市場上什麼品牌最受歡迎等等資訊，我只是試戴看看田中推薦給我的眼鏡，被他所訴說的故事吸引，然後決定購買，就這麼簡單。

接著，田中老闆都會為我進行視力檢查（只要我去店裡，他每次都會幫我檢查），並為我進行調整，然後幾個星期後，成品就會用宅配送來給我。

一戴上那副完成後的眼鏡，眼前總會浮現田中老闆的臉，感到非常幸福。

我以這種方式進行眼鏡的消費，我既不是想利用戴名牌眼鏡讓自己看起來了不起，也不是單純為了實用功能上的需求而買，而是因為與田中先生這位眼鏡店老闆產生共鳴，為了將這份彼此相通的共鳴具體化為有形，而持續購買眼鏡的。

似乎有一個名詞是「援助消費」，在博報堂發行的雜誌《廣告》二〇一〇年十月號的報導中，曾介紹「喜愛獨自專注認真的職人製作的皮革製品，因為希望該品牌今後也能繼續存在而持續定期購買該處的商品」、「因為是自己喜愛的電影，就算沒有藍光光碟（Blu-ray Disc）播放機，還是購買了藍光光碟」，諸如此類的行為就屬援助消費。不只是想購買商品這樣的慾望，透過購買行為向製造者傳達「支持」，進而付出金錢。

該報導中還描述了如下的內容：「現代社會中，追求『能讓我的生活風格變得更豐富嗎？』『製造者的理念符合我的理念嗎？』這樣的方向，逐漸走向『將錢花在有共鳴的東西上』的趨勢。說得誇張一些，不論鑽石或是跑車，若是不能引起消費者本人的『共鳴』，那就是沒有價值的東西」。

現代人們與社會的關係變成以連接與認同為主，用以輔助加強該連接與認同的手段，現在是用買賣東西的方式，如果不理解這個消費社會大幅度的板塊變化，其後的廣告以及資訊流通也就免談了。

這意味著在消費背後可以看見人的存在，消費可以確認他人的存在。比方說，在極喜愛的餐廳用餐時，我們並不是僅僅交換金錢和服務而已，其中存在著「料理美味食物的人」和「看來吃得津津有味的人」彼此的尊重，除了金錢之外也交換著這樣的尊重。

提供音樂的iTunes聯盟廣告（affiliate）功能，就是在自己的部落格或其他地方推薦樂曲，當任何人因而購買該樂曲時，蘋果公司會支付數個百分比的廣告費給該部落格寫手。雖然這的確是廣告，會以金錢交易，但是一首日幣一百五十圓樂曲的廣告費只有少少的數日圓左右，所以為了獲利從事聯盟廣告的部落客（blogger）為數極少吧。

那麼，如果不是為了賺錢，到底為了什麼而做呢？答案顯而易見，無非是因為可以透過聯盟行銷廣告確認有人因為自己在部落格做介紹而購買了該樂曲的事實。是否有人因為自己部落格上寫的文章感到高興，他們對這樣的事實很想加以確認所以才引進iTunes聯盟廣告。

因此，消費只不過是像這樣人們相互串連的象徵。

當然，並不是所有的消費都與串連接軌，在住家附近的超市購買量產化的T恤（T-shirt）或是在便利商店購買碗裝泡麵等，這些就不會成為「串連的象徵」。

我在本章大約中間的段落，曾描述符號消費的符號象徵意義逐漸消失後，轉變成因為實用功能而購物。認為「買進口車或高級車太浪費錢了，單純只是代步移動的工具，所以買輕型車就夠了」的年輕人們，或像是優衣庫（UNIQLO）或H&M、Zara等快速時尚，亦或是牛肉蓋飯或漢堡之類的速食，都是源於只要簡單且充分達成功能（卡路里）就足夠了的思維，「僅以實用功能取決消費」這樣的情況，正朝四面八方擴散開來。

因此，在大眾媒體上出現的符號消費正逐漸消失的現今社會中，所謂的消費正往兩個方向分別發展。

其一，是往消費原來棲息的那個令人懷念的老地方，也就是回歸簡約實用取向的「功能消費」舊路線。

另一個是朝向嶄新的「串連消費」境界邁進。

伴隨著大眾媒體式微，符號消費也走向滅亡，一分為二的「功能消費」與「串連消費」的新世界，於二十一世紀揭開序幕。

雲端與分享交織的「清貧思想」

如果消費走上前述的兩個趨勢，最後有可能連行為動機與購物這個消費行為緊繫串連的必然性都將逐漸消失。

如果是為了追求實用功能，不需要專程購買什麼物品，只要向他人借用或是共享不就可以了嗎？

如果是為了想要與人串連，不用特別購買什麼物品，只要有串連的場合存在不就可以了嗎——。

這可以說是理所當然的進化趨勢方向吧。

近來，雲端與分享這二個詞，正逐漸變成重要的生活關鍵字。

所謂的「雲端」，是指電子郵件或電子文件檔案、音樂、影像等等全部預先儲存在網際網路另一頭遠端的大型電腦，無論身在何處從任何地方都能存取利用。

最近書籍也變成「電子書」，預先儲存於雲端的時代來臨了，如果有想閱讀的書，立刻從雲端讀取後透過手邊的iPad或是智慧型手機的螢幕就能閱讀。雖然，才在不久之前，對於個人電腦運用自如的人一般就以為算是「在電子產品圍繞下生活的人」。現在，走上雲端，全部都完整地儲存在網路的遠端，再也不必隨身攜帶多個3C產品大包小包地移動了，豈止如此，就連紙本文件或書籍，甚至音樂CD或DVD等，也全都無用武之地了。

這使得生活風格為之驟變。

比方說，試著回想我每天的工作與生活，不難發現隨身攜帶的物品比以前少得多，即便是因為演講等因素要去遠方進行當天來回的出差時，我就只帶錢包、手帕、自己家的鑰匙、還有iPhone和聽音樂用的輕巧的耳機，加上配合出差當地的工作量，只要攜帶iPad或是超輕量型筆電MacBook Air，其他什麼都不需要帶了，因為用行動電話就能確認時間，連手錶都免了，只需手拎一個小型提包就可以去出差。

家中的工作室也只需個人電腦和小型印表機、掃描機各一台，其他什麼都不需要。有人來拜訪時，總會驚訝地說：「你竟然能在這麼空蕩的房間裡完成工作啊！」

接下來，談「分享」（share），就是共有共用的意思。分租房間（share house）就是指年輕人合租一間公寓一起居住的意思，另外，汽車共享（car sharing）是指大家共有一輛汽車的模式，獨自擁有一輛車不符合經濟效益，所以就果斷地歸結出只要需要時能夠立即用車就好，因而發展出分享制。

沒房子，也沒有紙本書籍或文件，甚至連車子也沒有，只有最低限度所需的電子設備。

一旦變成這樣的雲端與分享的時代，身邊的物品將會逐漸減少到只擁有最低限度必要的隨身用品而變得簡樸。只要人與人之間的串連完整存在，可以享受彼此間熱絡活潑的來往交流，再也不需要多餘東西的時代。不是以「物品」，而是以串連彼此的「故事」交織出新時代。

一九九〇年代泡沫經濟的末期，中野孝次的著作《清貧思想》（草思社出版）一書曾登上暢銷排行榜，書中內容描述當下大量消費的社會不可取，應該回歸過去日本人在日常生活中實踐的清貧簡樸。現在因為雲端與分享而產生的簡樸生活也許正好實現現代的「清貧」。

中野在書中寫道如下內容：

「物資的確豐裕。市場上物資橫溢，確實不比歐洲共同體的任何國家差。可是，物資的生產不管多豐裕，也未必會和生活的幸福連接。我們現在終於發覺，幸福的生活，需有與物資不同的原理。

不，我們已發覺，只要被物資所控制，被購買、所有、消費、廢棄的循環所掌控，就不可能獲得內在的充實。我們知道，為了環境與資源保護，不會允許無限的物資生產與浪費在地球上生存。為了真正的富裕——內在的充實，必須重新評估所有欲的限制與無所有的自有。已經有很多人回歸大原則重新思考：人為了活得幸福，到底需要什麼？不需要什麼？

日本以前曾有清貧這種美麗的思想。有一種逆說式的觀念，即將慾望限制到最小範圍內，反而可以讓內在自由飛躍起來。」（譯註：本段譯文引用自《清貧思想》，李永熾譯，張老師文化）

沒有「所有權」的時代——獨自擁有的時代告終

在大眾傳播媒體製造的符號消費最糜爛的泡沫經濟時期，提倡「若是一直做這樣的事是不行的，日本人應該找回過去的美德」的，正是《清貧思想》這本書。而中野理想中的生活文化，我認為在泡沫經濟破滅之後將近二十年的現在，終於正在日本社會裡實現中。

符號消費的式微。

藉由雲端與分享產生的「只有『分享權』，但無『所有權』」的新生活方式。

以及，由一群認為人與人的串連最為重要的年輕人崛起。

這些都與日本自古以來的清貧思想接軌，然而大眾媒體依舊以「最近的年輕人都屬於草食性，沒有氣魄」、「不消費真是不像話，要進行更多的消費」的說法譴責新生活文化，「年輕人遠離汽車」、「年輕人遠離名牌」、「年輕人遠離旅行」所謂的「年輕人遠離○○」成了最近大眾媒體批判年輕人的常見手法。但是，事實上正如我從前面一路寫過來的，符號消費已消失，而轉變成為新文化，是對於「具備所有權」這件事情不感興趣，反而更重視串連。這麼一來，在以往大量消費文化的脈絡背景中所出現的消費趨勢會日漸變化，也是理所當然的事情。

用「草食」等帶有污衊的口吻譴責新生活文化的人們，其實本身正是受糜爛的大量消費社會荼毒的受害者。

然而，無論如何，他們終會老去，而逐漸消失。

連消費都非必要的無所有趨勢，尋求「串連」的場合不再是購買物品，而會逐漸轉變為「進行」某種行動的行為。

事實上，這種轉變現在在日本社會中四處可見正在發生。

比方說，在消費低迷不振的同時，對於從事農作或登山、神社佛寺巡禮之旅這類

「行為」的關注程度，則是達到前所未有的高峰。

這就代表比起商品本身，大家的興趣已經轉移到推特或是Mixi、niconico這些「場合」。

從商品的消費轉往「行為」或「場合」的消費。

從物品轉往進行某種行為的「行動」上。

從符號消費導致的出走，轉往對於成為串連與認同的象徵的共鳴。

這個消費社會的轉變成為我們社會中強烈的「背景投射」，然後，這種「背景投射」將會擴散覆蓋世界，在其上有各種不同資訊的往來交流，並不斷誕生出無數個不屬於大眾媒體的微小社群。

並且受到「串連」這個背景投射影響，資訊的流傳也不得不受「串連」強烈牽引。

在以下章節中，我將針對藉由「串連」所帶來新的資訊革命進一步深入探討。

第三章

「在觀點打卡」的新典範

地理定位服務 foursquare。資訊在人的觀點週遭形成漩渦。

你知道「foursquare」嗎？

這個由紐約新興企業創立的網路服務，一般稱為「地理定位服務」。

如果要解釋它究竟是什麼的話，我會說就是可以「將自己的所在地通知朋友們，讓大家共享關於那個場所的各項資訊」這種增進樂趣的服務。

因為功能在於將自己的所在地告訴別人，所以使用自己家裡或辦公室裡的桌上型電腦就顯得沒什麼意義，所以一般是使用iPhone、安卓（Android）或黑莓機（Blackberry）等所謂智慧型手機（smartphone）的多功能行動電話在利用這個網站；就用我手邊的iPhone為例來試試看。

首先需要從iPhone的App Store取得免費的foursquare應用軟體。下載之後啟動軟體，畫面上會要求你註冊帳號。設定好電子郵件帳號和密碼後就登入（log in）。系統會詢問是否可使用你自身手機的GPS的經緯度資訊，同意之後，就會以一覽表的方式顯示出你現在所在地方附近的店家、機構或地點等。

例如假設你現在在澀谷車站前的八公像（譯註：忠犬八公像）廣場，正在等約好的朋友，如果你在那裡由手機啟動foursquare，將會從你的經緯度推測附近有「JR澀谷站」、「東急百貨東橫店」、「東京地下鐵半藏門線澀谷站」、「八公前廣場」、「QFRONT」和「澀谷Mark City」等選項，列出顯示成一長串。你若從其中選擇

「八公前廣場」，在手機上按下「打卡」（check in），不但可以閱覽foursquare的用戶們關於八公前廣場的意見資訊，同時系統還向你的朋友們發送下述資訊：「我現在人在澀谷八公前廣場」。

因為foursquare還具有與推特和臉書等社群網站連結的功能，所以打卡的資訊不只傳給foursquare裡的好友們，也可以向推特的跟隨者等敲鑼打鼓廣為周知。我也常常在用，例如有時候因為出差而在羽田機場等飛機的時候，就會在推特上隨著foursquare的位置資訊一併傳送「因為要去札幌出差，現在人在羽田機場，等一下登機。」之類的推文。

相反地，我也會收到來自朋友們打卡的通知，也就是一下是「我在新宿」，一下又是「我在銀座的餐廳裡」等，四處傳來朋友們的通知。

foursquare的樂趣

也許有人會認為「這樣有什麼樂趣啊？」為了有這個疑問的讀者們，我也準備好說明實際上的好處。

首先，第一個好處是積點系統。只要在某個地方打卡，就可以累積點數。在第一次去的地方打卡，就可以獲得五點，在之前去過的地方打卡則有一點，還有，重複多次去相同的地方，而且每次都打卡的話，成為「該場所打卡最多次的用戶」，還會受封市長（Mayor）頭銜。這種市長功能也可運用於店家等的宣傳，在行銷領域非常受到矚目。比方說，餐廳在foursquare上發布通知說「當上市長可折價餐費百分之五」，就會吸引有心想當市長的人前來光顧，成為變相攬客的廣告。

如果累積很多點數，還可以讓自己的帳號登上排行榜。以擠進這個排行榜為目標，用戶們凡是所到之處就會打卡，藉由這個設計也讓foursquare愈來愈熱鬧。

另外，還有「徽章」（badge）功能，如果說是類似動章，應該比較好懂。例如一開始註冊帳號並初次在某個場所打卡的話，系統會顯示「恭喜你完成首次打卡！」而頒發給你「首度打卡」徽章。

之後在像是「完成在第四處的打卡」時，或成為市長的時候等等，每當有什麼動作的時候，只要花一點時間，就可以得到徽章作為獎賞。藉此來刺激提高大家使用foursquare的意願。

其次，第二個好處是資訊。

有一個稱為薩加特調查（Zagat survey）的美食指南，餐廳的口碑評鑑是以對餐廳顧客進行問卷調查所蒐集到的評價為基礎進行評分的制度。這是領先於「Tabelog」

等網路上的口碑餐廳網站，以紙本書籍實現同樣口碑系統的指南書，早自一九七八年開始就在美國發行了。

現在在全世界八十九個都市都有出版，在日本也由不動產資訊雜誌《*CHINTAI*》引進，現在發行有東京版、京阪神版和長野版。

foursquare與這個薩加特調查合作，提供結合地點的資訊與餐廳口碑的服務，也就是只要在foursquare打卡進入某個店家，就可以讀到關於那家店的薩加特調查的口碑。

foursquare的構成是對於在foursquare可以打卡的「場所」，該店家或機構可以製作介紹頁，而一般用戶也可以在其中寫入「推薦資訊」，這裡再加上刊登由薩加特調查提供刊載在紙本中的口碑評價，藉此讓介紹頁變得相當充實且資訊量多，更加提高實用性。

也就是說整體方向是先製作foursquare這個平台，再加上店家、消費者和薩加特調查這個口碑資訊指南等，想藉此建構出繁榮的生態系統（ecosystem）。

為了順利讓這個生態系統驅動，foursquare很巧妙地導入幾項措施。

第一是主動貫徹位居組件（module）層級，倚靠大型的平台。

第二是善加設計建立「場所」與「資訊」的匯流點。

第三為了吸引用戶連接到這個匯流點，引進「打卡」這個新招數。

平台與組件

接下來，一個個分別說明。

第一是foursquare與推特和臉書等既有的大型平台合作，主動貫徹位居組件層級的策略。

要從零開始建立社群媒體並讓它普及，並不是件普通簡單的事，但是新興的社群媒體foursquare竟可以勢如破竹地快速增加使用人數，原因在於來自臉書和推特的動線建立得很好。

在foursquare逐漸興起的二〇一〇年春季，名為讀寫網（Read Write Web）的新聞網站就曾剖析這個動線。據讀寫網分析，foursquare的拜訪人數中，透過谷歌（Google）的搜尋引擎而進入foursquare的人數占全部的百分之二十四。

但是透過推特或臉書等的社群媒體進入foursquare的人數，來自推特的有百分之二十一，來自臉書的有百分之十九，合計達百分之四十。

這是由於foursquare擁有與推特或臉書同步更新的功能，原本在一開始註冊

foursquare的時候，就可以直接利用推特或臉書的帳號，例如利用推特的帳號註冊foursquare的話，之後只要用foursquare到任何場所打卡，「我現在在〇〇打卡」的資訊就如同自言自語一般，自動同步到推特上，就是這樣的機制。

藉由這個機制，有一個長處是foursquare也會一併傳送給在推特上自己的跟隨者們，對於之前不知道foursquare的人來說，應該也會覺得「這究竟是什麼樣的服務呢？」而引發興趣吧！

推特的使用者在全球約有一億人。至於臉書則高達五億人，比美國的總人口數還多（編按：本書日文版出版於二〇一一年二月，根據二〇一二年十月的資料，臉書使用者已達十億人）。若想凌駕這麼龐大的平台，實在不是很好的策略，尤其像現在社群媒體四處林立的狀態下，更是不智之舉。所以只要不是相當卓越的服務，要以自己的資源單打獨鬥、意圖增加會員是非常困難的事。

因此，像foursquare這樣以「揹揹加抱抱（譯註：比喻完全仰賴他人的力量）」的方式，以組件地位加入其他平台的生態系統，力求共存共榮的方向，已經成為現在社群媒體世界中普遍的想法。

比方說，近年與foursquare這種地理定位服務同樣人氣竄升的一種服務之一，有所謂「快閃行銷（flash marketing）」。

這種服務也可稱為團購（共同購買）或社群商務（Social Commerce）。以美國的Groupon為代表，日本現在也有很多類似的服務出現。連《每日新聞》那種傳統的報紙媒體也以「每pon」的名稱搶進這個服務，就可以知道這個領域有多受矚目了。

快閃行銷為什麼興盛？

例如，以日本新興企業所設立的Piku這個服務為例來說明吧！

先在Piku上註冊電子郵件帳號和密碼，再加上自己居住的住址以取得帳號，於是系統會自動顯示很多地方折價優惠好康。

「日本料理○○的黑毛和牛套餐原價九千日圓，憑券優惠價三千日圓！」

「超夯公演票券原價八千日圓，憑券特惠五千五百日圓！」

「推拿揉散去除橘皮組織（cellulite）與皮下脂肪！原價六十分鐘九千八百日圓的療程，現在下載，憑券特價四千五百日圓！」

這些優惠券每天更新，不斷地刊登上版面，想使用的人就點擊「購買」鍵，並用信用卡結帳。

話雖如此，這些折價優惠券並不是可以無條件取得的，店家會各自設定申購所需最低數量。例如，假設店家將九千日圓的黑毛和牛套餐可降價為三千日圓的優惠券設定為「一百人以上」的話，則申購優惠券的人數如果未達一百人以上，契約就無法成立，於是消費者就無法得到以三千日圓購買的優惠券。

而且，優惠券還有購買期限。

因此，為了要在時限內達到申購所需最低數量，就需要用戶彼此的合作，在Piku的優惠券畫面上就設有「Mixi check」、「推」和臉書的「讚」按鍵，只要點擊這些按鍵，優惠券資訊就可和自己的意見同步到Mixi、推特或臉書等這些社群媒體發布。

也就是說Piku的資訊就這樣在推特、臉書或Mixi這種擁有大型社群圖譜（人際關係圖）的平台上進行交流，其中還包含很多類似「現在這個優惠券好像很便宜喔！」「你不覺得這個不錯嗎？」等用戶彼此之間進行各種聯繫的對話。Piku的網站中完全不用準備獨自的社群圖譜，甚至不具備那部分的架構，是一種完全倚靠其他的社群圖譜的服務。

Piku的網站中除了秀出優惠券資訊外，還有「剩餘時間還有○小時△分×秒」而每分每秒變化的倒數計時器，以及即時顯示出到達申購所需最低數量還差幾個人的數字，卯足全力煽動消費者的焦躁感。

也就是說，在這裡「提供資訊的地方」與「人們針對該資訊聯繫的地方」是完全分開的，而且後者不用自行準備，屬於「揹揹加抱抱」的方式倚靠大型平台的結構。

原本這種網路的團購服務於一九九〇年代末期左右就已經存在了，所以既沒有使用特別突出的技術，也不是多麼創新的服務。

只是在一九九〇年代時，像臉書或推特等用於即時交換資訊的社群媒體都還沒開始，所以，當時的團購中用戶彼此的資訊交換是靠電子郵件來完成的。如果使用電子郵件，用戶每一個人能進行資訊交流的對象，只有白天工作上有交情的人或實際的親朋好友等，範圍相當受限，而且就算當一個人以電子郵件傳送團購資訊給親朋好友，該資訊也只傳到親朋好友那裡，不會擴展及於其他人，畢竟所謂電子郵件是受限於有電郵地址才能聯繫的系統。此外，由於缺乏即時性，以此當成團購的平台實在不大適合。結果是導致當時團購還不流行，就已經直接沒落了。

然而，像推特這類即時性極高，且發出的資訊是由所有跟隨者共享的「多對多」資訊共享服務出現之後，狀況瞬間完全改變了。藉由推特，團購的資訊可以很快速地大量送出，而且可以共享「還差五人就能團購囉！」這種聳動的即時資訊，可以有大家像在廟會夜市的熱鬧場合般氣氛炒得火熱的效果。

推特（Twitter）讓傳統產業復活

說起來，在一九九〇年代就已經存在的團購這種舊服務，到了二〇一〇年代左右被賦予快閃行銷的新名稱而復活過來的背景中，存在像推特這種即時性高的社群媒體日益普及的原因。

擁有龐大的社群圖譜與即時性的推特；不需獨自準備社群圖譜，以參加推特生態系統的形式驅動運作的Piku。這與推特和臉書之於foursquare的關係可以說如出一轍。

所以，甚至能夠斷言，這中間已經出現社群媒體的新層級結構。

推特和臉書，屬於超巨大平台，有數億、數十億用戶註冊，而且擁有所有這些用戶的社群圖譜，顯示這些用戶是如何與朋友或熟人連結的。

foursquare、Groupon和Piku，屬於中規模的組件（module），以重複利用那些超大型平台社群圖譜的方式，營運特定的服務。

屬於小規模組件，在更偏遠的外圍，例如開發讓推特更好用的應用軟體、解析自己臉書或推特帳號等各種工具，或是代替你製作臉書的粉絲團之類，一些靠小生意在營運的商家。

在這樣的層級結構中，foursquare以「通知別人自己的所在地」這個與即時空間的連接為賣點，並以倚靠推特或臉書等大型平台的形式作為中規模組件而日漸成長。組件不具備社群圖譜這個基礎，換句話說，它不會有「擁有社群圖譜」這個長處，所以必須以其他的部分吸引用戶。因此foursquare就是好在設置剛才我所提出三項措施中的另外二項，才能建立起極具魅力的服務。

接下來說明第二項措施，就是善加建立「場所」與「資訊」的匯流點。

截至目前為止，也出現過很多類似「將位置資訊通知朋友」的服務。但是卻沒有任何一個達到像foursquare這般普及。

例如谷歌於二〇〇八年開始「谷歌定位」（Google Latitude）偵測地理位置的SNS，用戶可以利用它在外出時與朋友互相確認所在位置，或掌握親密好友的狀況。可是，谷歌定位上可共享的所在地只限於「緯度〇度〇分，經度△度△分」這種地圖上的位置，也就是說他只是在類似谷歌地圖的地圖上點出朋友的位置來顯示，但就算收到這樣的資訊，一般人會覺得：「我知道他在地圖上的這個位置了，但是，那裡到底有什麼呢？他究竟在地圖上的那個點做什麼呢？」而徒增疑惑。

相對於谷歌定位的這個特性，foursquare採用來顯示所在地的不是「位置」而是「場所」。從GPS取得經緯度的資料後，以該資料為基礎，將周圍各種商店或機構列表作為選項，讓用戶從其中選擇，藉此讓收到資訊通知的朋友不會感到疑惑，而可能會有如下的認知：「他現在在澀谷東急百貨東橫店啊？現在是傍晚時間，大概正在外帶晚餐要吃的熟菜之類的吧？」

而且foursquare不是只將這個「場所」單純當成機構名稱或店名來顯示所在地，還思考到加入資訊作為附加價值。

只要打卡，就可讀到餐廳的口碑

如先前所介紹的，透過foursquare與薩加特調查的合作，只要去某個店家打卡，foursquare的畫面上就會顯示薩加特調查中所刊載的口碑報導文。

以前當一位消費者想要去某個店家或機構的時候，關於那個地方有什麼樣的資訊，必須自己找。例如要去有名的法國餐廳的話，就要事先確認導覽指南或美食雜誌，或必須在網路上搜尋口碑資訊，但是foursquare替用戶省去那些麻煩，將「去某個場所」的行為與「獲得該場所資訊」的行為藉由打卡而滑順地連接起來。

foursquare不斷地增加這種場所與資訊的合作。foursquare也與《華爾街日報》（*The Wall Street Journal*）和《紐約時報》（*The New York Times*）等報社合作，例如在

二〇一〇年溫哥華冬奧，只要去會場週邊的機構或店家打卡，就提供秀出《紐約時報》的餐廳導覽或觀光資訊的服務。還有將美國國內的各個場所與《華爾街日報》中過去的報導連結起來。比方說，在紐約高盛（Goldman Sachs Group）總公司前面打卡的話，畫面就會顯示出「高盛證券遭到司法部調查……」這種硬性的報導，算是一種很有趣的嘗試。

而且，將該場所與資訊做連結，說穿了就是真實空間與虛擬空間的連結，別無其他，只是同時擁有真實空間的某一點即「場所」，與存在於網際網路這個虛擬空間中的編碼即「資訊」。

將場所和資訊兩者串連在一起，事實上，就是揭開新世界的序幕，與未來接軌。

真實與虛擬的分界日漸模糊

《紐約時報》上曾有一則〈超越推特——讓你看見城鎮真實樣貌的應用程式〉（*Beyond Twitter: An App That Lets You Truly See City*）的報導。

這篇以介紹foursquare的魅力為主軸的報導中，一位名為達米安・巴席爾（Damien Basile）的二十九歲社群媒體顧問現身說法。

採訪記者蘇珊・多米諾斯（Susan Dominus）與他在羅傑史密斯飯店（Roger Smith Hotel）會面，位在紐約萊辛頓大道（Lexington Avenue）上的這家飯店，在foursquare用戶之間也頗有人氣，曾有五百人次累積高達一千三百次的打卡，而巴席爾在這個激烈戰區中已成為「市長」。如同先前介紹，所謂市長就是在foursquare中於某特定場所打卡次數最多的人。

巴席爾全部共計獲得十二個場所的市長頭銜，甚至至今已獲得三十四個徽章。他面對記者的採訪是這麼回答的：「離線的世界，它改變我享受事物的方式」。

「現在，只要是放假時，與其待在家裡不如出去看電影。因為，只要一想到去那裡就可以得到徽章，就會待不住家裡，迫不及待想飛奔過去」。

所謂離線後的世界，也就是離開網際網路這個虛擬的世界之後，在我們所居住生活的真實空間裡，就如同巴席爾所表達的「離線」（off-line）的世界，那可以視為就是過去沒有連上網路時的類比世界。

但是，像foursquare這樣的服務將離線與上線連結，打破了以往虛擬與真實的分界線一直很明確地存在，可以視為「不是虛擬就是真實」這種互相對立的立場。不過因為像foursquare這種同時結合空間與時間，以及網路和人際關係的新服務的出現，這個虛擬與真實的分界線逐漸變得愈來愈模糊。

加上隨著像這樣上線可以進出離線的真實空間，網路也可以成為用於人們在出外活動的基礎設施。以前網路世界通常是在以放在自家陰暗室內的電腦這種固定式機器為架構的環境下操作的，所以含有「繭居族『宅』在家裡」的印象，但是隨著網路的舞臺從電腦轉移成利用iPad等平板電腦或手機為主，逐漸擺脫「繭居族『宅』在家裡」的刻板印象。

網路沒有一定必須在家裡使用，還有很多步出戶外，在陽光下活動時也可使用的各種場景，要說理所當然也是理所當然，只是至少代表現在網路已經進展到這樣的階段。

再舉個例子來說明吧。

美國紐約最近很流行稱為「餐車」（food trucks）的攤販。

紐約的攤販一般叫做「街攤」（Street Vendor），在街上到處都有人擺攤，從華爾街、第五街、市中心到東村。攤販數量據說高達一萬個以上，販賣內容從熱狗或漢堡等速食類到印度料理等各地的民族料裡、自然飲食等，總之料理的種類包羅萬象，都可以輕鬆享受。興盛程度甚至每年會舉辦一次稱為Vendy獎的攤販比賽，選出最佳攤販。

最近這個攤販業界中出現以卡車擺攤的營業型態，這就是餐車。崛起的部分原因是由於餐車大多屬於剛加入業界的新成員，料理的變化比舊型攤販寬廣，例如「只用有機食材的漢堡」或「法式咖啡廳推出的時髦料裡」之類的，其中甚至不乏以媲美飯店餐廳的美味而負盛名的餐車。

而且這種餐車的另一個特徵是擁有推特或臉書的帳號，隨時隨地不斷地散播資訊。

以推特串連攤販與顧客

例如「巴巴裴洛涅」（PapaPerrone）是一家賣披薩的餐車，在推特上每天都有如下的推文。

「今天有香腸口味喔。」

「今天有準備義大利披薩餃（Calzone，披薩餡料以麵皮包覆後烤熟的料理）！不過沒放茄子。」

「今天因為私人原因將不會在第五十五街出現。星期三會出現。」

「PapaPerrone 現在正在放暑假。別弄錯囉！」

「今天車子送去修理了，所以不擺攤。週四復出！」

「只要猜中在我們餐車工作女孩的年紀，今天就免費贈送肉丸喔！」
「今天在第五十五街老地方見！」

從以前開始，攤販一般總是在相同的地方推出，但餐車則是用「神出鬼沒」形容會比較貼切，不見得可以在相同的地方遇見。所以就算是熟客，與美味餐車的相遇也是一生一遇（譯註：原文「一期一會」，出自茶道用語，一期意指一生，一會意指一次相會，整體意味著每次的茶聚都是獨一無二，永生難再有同樣的第二次，因此應當活在當下。），如同萍水相逢的偶然相遇。

但是藉由餐車在推特上像這樣推文，對該攤販有興趣的顧客就可以跟隨其帳號，確認今天那家攤販會在哪裡，今天推薦什麼料理，或者這星期什麼時候公休，顧客都可以即時接收到這些資訊。

這麼一來，長久以來只能屬於芸芸眾生中一生一遇的存在，非常難以維持與顧客之間持續關係的餐車，轉變成一種新的穩固性存在而矗立在顧客面前。

如果你想「再次品嘗那家非常美味的攤販」，就到推特上跟隨該攤販的帳號。於是不僅可以經常獲得該攤販會在哪裡或何時擺攤之類的資訊，還可以在帳戶上回應（答話）「昨天我有光顧，很好吃喔！」「我會去下星期三的場地。期待到時候見！」

等，藉此產生與攤販之間的交流，下次再次光顧的時候，老闆可能會記得，而也許就會建立起類似「上次謝謝你的回應！」之類的對話吧。

關係，從一瞬到永久、從剎那到持續

也就是說，顧客與流動餐車的關係，不再是一剎那，而是持續的關係，這就是流動攤販與顧客的新串連。

藉由善加建立「場所」與「資訊」的匯流點，而打開流動攤販與顧客之間的新回路，而且正因為這個新回路，才能產生出與以往不同的平坦的關係。

那是一種經常意識到彼此的存在，並相互確認「那裡有你」的存在關係。

這不僅僅只是金錢與物品的交換，其中是屬於含有某種同感與共鳴的關係。

也就是說，產生出這種持續的新關係。

這種持續的關係，在本書中我決定接下來以廣告用詞「約定（Engagement）」來稱呼。Engagement這個詞一般來說是指「婚約」、「契約」之類的意思，不像企業利用誇大的廣告騙消費者買東西，或讓消費者捲入超大豪雨般的促銷廣告中這類做法，而是在企業與消費者之間形成強固的信任關係，以這樣的信任關係讓消費者買東西。

在廣告的世界裡，大眾媒體式微之後，近幾年一般已經認知到這樣的關係具有非比尋常的重要性，所以我用「約定」這樣的詞語來稱呼。

在以前的大眾媒體廣告世界中，消費者與企業之間的關係屬於「被給予的關係」。

資訊受到限制，在我們面前的只有一台電視機和一台收音機，加上每天送來的報紙與買來閱讀的雜誌而已。媒體數量只有極少數，在這些所收到的媒體面前，我們消費者就只有單向接受對方傳送過來如同大浪般的資訊而已，也就是說以前消費者只能採取被動的姿態。像這樣只存在單方向流動的資訊地方，即便看了電視廣告後覺得「這個產品好像不錯」或「這個企業給人印象很好」，反正那都只不過是單方向給予的關係而已，消費者和閱聽大眾完全沒辦法主動選擇。

但是由社群媒體為中介而串連的企業與消費者之間，已經轉變成持續的關係。要在推特上跟隨哪個餐車這個選擇權是掌握在消費者手上，因此無論是只單純獲得餐車的資訊，還是要回應（答話）而彼此交換對話，以擁有更緊密的連結，這些都可以由消費者做選擇。

當然，企業端也有選擇與消費者個別交往到什麼程度的自由，也就是說這屬於彼此自由的契約。

這裡的關係不是上下關係，並不會因為是顧客就可以氣燄囂張，企業端也是，不能只管收錢其他一概裝傻，也不能因為是大企業就可以看不起消費者，因此即使是平等的地位，仍可建立彼此相互尊重的關係。

千利休為何稱讚所招待的客人？

有一句話叫做「主客一體」，這是源自禪學的詞彙，意指「所謂款待，並不是邀請方的主人單方的行為，而是邀請者（主）與受邀者（客）合作，雙方融為一體之後所創造出來的結果」。因此，由主與客之間當場引發的共鳴，是絕對不可或缺的要件。必須彼此相互共鳴，才能讓主與客共享款待的場合，進而合而為一，激盪產生精彩且美好的藝術。

這在茶道的世界中稱為「一座建立」（譯註：意指主客在當下的時間與空間融為一體）。若提到在安土桃山時代，教導織田信長及豐臣秀吉茶道的師父，最知名的就是合稱為「天下三宗匠」的千利休、津田宗及與今井宗久。

曾經是堺町富商的宗及與利休之間，曾留下這樣的一段逸事：

在某個飛雪的夜晚，宗及與之所至突然造訪了千利休的居所。

利休似乎預料到宗及的來訪，一如宗及所期待，利休家中的狹廊，門已經開了一條細縫，將宗及引領進入茶室。請管家通報之後，宗及坐在茶室中。發現室內飄散著香味，似乎是利休事前準備的薰香；庭院中的積雪、夜的黑與室內燈火的對比，醞釀出難以言喻的風情。

不久，身著墨色羽織（譯註：和服外套）的千利休走出來，二人一邊享受著薰香，一邊彼此寒暄。

正聊著，從某處傳來了潛門（譯註：需彎腰進入的小邊門）開門的聲音。

利休說：

「剛才我派人去汲水，看樣子是回來了。難得您蒞臨，請讓我先換水，再為您沏茶。」

說完，利休便端著茶室的水甕離開了。

利休離開後，宗及往茶爐之內看，看見炭火的火候竟然如此漂亮，感到佩服。觀賞片刻，宗及從架子上取出炭，調整爐中炭的位置並添加新炭，再用小掃帚仔細清掃茶爐的邊緣。然後，靜靜地等候利休的歸來。

不一會兒，利休回到了茶室，於是宗及開口說道：

「剛才我看了看茶爐，火候正合適。但我想您換過水之後想必會添炭加強火候，如此地勞煩您，心中實在過意不去，所以，我多事了點，先給茶爐加了炭。」

利休聽到這番話覺得很感動，回答：

「遇到您這樣的客人，這茶沏得真有價值啊！」

直到這段故事發生很久之後，利休仍經常向旁人提到這段故事，描述當時宗及的做客態度，也就是宗及身為客的舉止行為，有多麼完美。

像這樣，在茶道的世界中，主客合一而共同製造出當下的場合情境，這正是「一座建立」，也是主客一體的最高理想境界。

歐美的傳統文化是主客關係通常是固定的；相對地，日本自古以來的主客一體中，主與客的關係是對等的，藉由彼此共鳴、相互合作，受邀的客人也不會囂張地主張「我可是高高在上的尊客」，甚至不需要言語，就能洞察邀請的主人在想什麼，或想要展現什麼樣的嗜好，進而與主人產生共鳴而行動。日本文化中，追求的正是這種主客的做客態度。

插花者與鑑賞者

這種主客一體的思維，幾乎擴散遍布於日本文化的所有領域。

比方說，日本花道。

有一個貼文寫得非常好的部落格叫做「月明飛錫」，寫這個部落格的逍花引用《池坊花傳書》中「插花這個行為創造了與觀者間鮮活朝露般的記憶」、「相互間所產生的思想比盛開的花朵更加生氣蓬勃」的文章，寫出如下的內容：

「這個文章雖然實際上描述的是『插花者與花材』的關係，但我想『創作者與鑑賞者』之間，也同樣可適用。

在插花教室裡，即使使用同樣的花材創作作品，飄散的香氣會隨著插花者不同而異，令人讚嘆。正因為插花者各自擁有不同的個性，所以會產生差異；但是，這種差異可以相互認同、相互品味。

深入思考其原因，我想不外乎彼此之間存在共享相同價值觀的這份信任關係。前提是除了花插得漂亮，加上花材原本的美麗之外，應該還包含了插花者注入非肉眼所能看見的思想。

所以，鑑賞者才能填補那肉眼所看不見的部分，在內心完成美麗的記憶。並且可包容他人的價值觀。」

共同享受插花之樂的人們，雖然插花的手法因人而異，使用同樣的花材卻絕對不會有一模一樣的作品，但他們之間仍可相互理解像這樣插成不同風貌的花。

花身為花而存在的時候，就單純只是漂亮的花。

可是當藉由插花這樣的方式，運用各種技藝，就因為人們各自的展現技巧，彷彿重生一般，成為不同的作品。

這種從花的重生變成插花的作品，在一起走在插花之道的人們之間，透過解讀所隱含的意圖或脈絡、情境的樂趣，進而彼此共享。

逍花寫道：

「那可以說是由於集合在當場的人們擁有相同的世界觀，並共享某種既定的規則，且彼此互相既是表達者也是鑑賞者的立場，才能成立的世界。

在這種屬於封閉小圈圈的團體中，可以發現細微差異中代表的意義。

而且，鑑賞者也不是被動地單純僅止於觀看，而是主動地讀出表達者的意念、喜好和技術能力，並與其共鳴，藉此兩者之間產生新的喜悅。這就是茶道中所謂『做客態度』。」

她繼續寫道：

「日本文化就是像這樣發展而來的，我想，這種『主客一體』彼此溝通與相互交流的關係，在網路的世界裡，可能也可以發生——事實上，已經有一部分發生了。

因為，網路是串連某種程度共享價值觀或興趣的人們。在部落格等的留言或推特中連串的啁啾（譯註：Twitter原意為啁啾）推文中，我想都已經存在這種『主客一體』的關係了。」

對於這篇文章，我深有同感。

在全部變成平坦的網路世界裡，「共享價值觀或興趣」的人們，也就是共享脈絡、情境的人們之間，藉由相互共鳴而串連，約定於焉而生。那可以是消費者與企業的關係，有時候也可以是消費者與消費者這種屬於個人的關係。就連企業與企業的關係，也可以形成約定吧。

人格，帶來約定

在所謂約定的關係中，「是企業？還是個人？」這種「究竟以誰為主體？」的架構正在逐漸瓦解中。換句話說，企業與個人都是一個「獨立的角色」而具有人格，否則無法與不特定的對象產生約定。意思就是說，只有本人用自己的說話方式所說出來的話，才能相互透過約定而串連在一起。

例如推特就非常重視這種「是否是本人用自身的說話方式所說出來的話」。即使企業取得官方帳號，如果都只是一些枯燥乏味、官方說法的推文，跟隨者人數極少。相反地，即使是企業，能用短短一百四十字就能讓人感受到溫暖人性，就會有比較多人懷抱感情，成果將轉化為跟隨者的數字。

個人的推特帳號也是同樣的道理。推特用戶之中有一種稱為「宣傳類」的人，只熱衷於增加跟隨者的人數。他們在推特中以「反跟隨」的方式，先跟隨某人再由對方跟隨自己，他們惡意濫用這個功能，每天只管進行無數的跟隨，只要沒有跟隨自己的人就除名，然後再去按跟隨，無限延伸持續這個沒有意義的動作。推文內容也不外乎「早安！」或「今天也一起加油吧！」這類打招呼的詞語，幾乎都沒有資訊價值。

這樣的人們只追求增加跟隨者人數，然後再將累計結果以「我要以〇〇萬日圓賣出『如何增加跟隨者人數的祕訣』」，將不實的資訊販賣出去。進行這類怪異可疑交易的人在網路的世界裡有一大堆，統稱為「宣傳類」。

這些人的帳號主體雖然是個人，但其中完全沒有人性化的部分，也看不見他本身的說話方式，完全只是拘泥於數字這種非實質性的東西，所以就算是個人，這些人無論是對誰都不會做出約定。

所以，問題不在於是企業還是個人，其中是否看得見人性，是否有用自己的說話方式經營，才是讓形成約定時相互感到尊重的關鍵。

因此，約定所需要的條件，並不是像大眾媒體廣告那樣強迫地將資訊單向送給消費者。

製作可共享脈絡、情境的場合才是最重要的。

而且在那樣的場合裡，不能只是「資訊傳播者」與「資訊接收者」這種固定的關係，而要建立主客一體那種相互交換資訊的關係。

那麼，那個場所要在哪裡？究竟該如何製作其中持續的約定關係呢？

答案正如同剛才所描述的，這樣的場合不是由發送資訊端單方可以創造出來的，而是成為主客一體的約定世界中，在消費端與企業端相互了解的基礎下，就會產生出那個場合。也就是說，消費端擁有一定的積極程度而參與其中，因此對企業而言，做出追求約定的「行為」是必須的。

那麼，那個「行為」具體而言又是什麼呢？

打卡的祕密

在直接回答上述問題之前，在此先暫時回到foursquare的話題。

foursquare結合了「場所」與「資訊」。藉由這個結合，開啟了企業與個人之間新的迴路，並在其中形成約定，這是目前為止所說明的內容。

然後因為消費者會來到結合場所和資訊的點上，所以foursquare準備好「打卡」的概念，用戶藉由到達某個場所，並在那裡打卡，可以當場獲得各種資訊，還可以與某人串連。

這個打卡制度正是foursquare巧妙設計的第三項措施。

我之前有寫過foursquare為了順利驅動這個生態系統，特別準備了三項措施。這裡再來複習一下是哪三項措施。

第一是主動貫徹位居組件層級，倚靠大型的平台。

第二是善加設計建立「場所」與「資訊」的匯流點。

第三為了吸引用戶連接到這個匯流點，引進「打卡」這個新招數。

打卡（Check in），原本的意思是指到飯店辦理住宿手續或辦理登機手續。

在foursquare中，打卡表示「我現在在這個場所喔！」，除了可以獲得該場所的相關資訊，同時可以將所在的場所透過社群網站同步通知朋友。

但是這個打卡不僅是住宿手續、搭機手續或所在地的通知手續，事實上，具有更大、更多的可能。

所以，我現在認為這應該可以成為網際網路的新典範。

接下來，我說明一下為什麼「打卡」的概念那麼的重要。

稍早介紹過領先foursquare實現向朋友通知位置資訊的谷歌定位服務。谷歌定位不同於foursquare是以機構或店家等「場所」通知所在地，而是單純用經緯度這種地圖上的位置通知，算是非常不周到的服務，而且還有一個重大的缺陷。那就是谷歌定位當初設定其系統為「自動」將目前自己的所在地傳送給朋友。

這種做法對用戶而言，實在只會造成困擾。因為自己的朋友突然傳電子郵件來，並寫著如下的內容喔：「〇〇現在在你附近！〇〇於下午二點整在東京都港區距離你的所在位置僅五百公尺遠。想知道〇〇現在在哪裡，請上谷歌定位進行確認。」

結果大部分的用戶都很反感：「為什麼朋友的所在位置要擅自通知我？這麼說起來，我目前的所在位置也被鎖定了嗎？」，而對谷歌提出抗議。

加上只要不做特別設定，標準狀態下使用的時候，所在地通知是設定為「開啟」（on）。也就是說，原始設定是在自己不知情的情況下，會將自己的所在地自動通知朋友，如果不要自動將自己的所在地通知別人，必須事先變更設定才行。

無法杜絕隱私外洩的疑慮

谷歌定位引起侵犯隱私權的問題。

這個隱私的問題其實對於網路廣告而言，是非常重要的顧忌。因為大部分的網路廣告是採取「擅自地蒐集顧客資訊，擅自地將資訊傳送給顧客」的系統機制。

其中展現最強烈趨勢性的就是一般稱為生活紀錄（life log）廣告。

「生活紀錄」顧名思義就是「記錄生活行動」。也就是蒐集用戶的行動紀錄，從中推測該用戶「追求的是什麼」，藉以提供準確資訊的就是生活紀錄廣告。

生活紀錄廣告會受到大家矚目的背後有二個主要原因。

其一是一九九〇年代中期以後，網路企業所擁有的顧客資料愈來愈壯大，人們每次在樂天市場（Rakuten Ichiba）或亞馬遜（Amazon）購買商品，人們的購買紀錄就會一筆接著一筆地累積在樂天和亞馬遜的伺服器中；日本社群網站Mixi裡，有一個叫做My mixi的社群俱樂部（Social Club），記錄用戶們擁有哪些朋友，還追加一種記錄日常的Mixi日記；谷歌則有Gmail的電子郵件內容；推特裡有用戶們的喃喃啁啾；Tabelog則有餐廳資訊和照片及口碑等林林總總。

這些資訊雜亂無章地只是單純累積儲存著，後來網路企業的人開始有如下的想法：「這些資料庫光是單純將資料累積放置而已，未免太可惜了吧？難道沒有辦法加以有效運用嗎？」

從這個想法出發，於是出現需求生活紀錄的聲音：「只要分析這位顧客以前的購買紀錄，不就可以推測出下一次他要買什麼了嗎？」

「追求更新的廣告！」

還有一個要素，是當時廣告業界正想要追求網路「最新的廣告模式」。

我們可以稍微回顧一下網路廣告的歷史，最一開始普及的是「橫幅」（banner）的方式。在雅虎網站的首頁上，大大地顯示出如掛軸般的廣告，就是橫幅廣告。最近也被稱為「展示（display）廣告」等，在一九九〇年代後半，非常盛行這種最簡單也最單純的網路廣告模式。

不過，這種橫幅廣告除了在雅虎（Yahoo!）那些集客力超強的部分大規模網站以外，幾乎在極短時間內都大幅縮減了。一開始覺得廣告很新奇而點擊的人已經覺得看膩了，加上網站不斷地增設，過度膨脹的結果，每一個網站的集客力相對降低，因此導致橫幅廣告的點擊數也減少了。

在這樣的狀況下登場接棒的是——關鍵字廣告，就是只要在谷歌或雅虎搜尋「汽車」這個關鍵字，就會顯示出中古車店或汽車用品店廣告的模式。廣告單價以每點擊一次的費用計價，有可能以極低的價格打廣告；所以，這種廣告模式曾經風靡一時，那些以前因為大眾媒體廣告太貴而無法出手的中小型企業或個人事業主也可以推出廣告，加入市場的企業也一口氣多了許多。

以往大眾媒體的廣告採取集中式強力播放，將資訊「啪——」地一股腦兒傾倒而出的方式；相對地，關鍵字廣告是以關鍵字牽線，所以可以更精細準確地命中目標消費者。根據本書第一章的前後文來看，這時風行的關鍵字廣告不屬於一網打盡的通吃型，而是可以依社群發送廣告的模式。

在日本關鍵字廣告的開端始於二〇〇二年，現在成為雅虎（Yohoo!）一個部門的關鍵字廣告專門企業，其前身曾設立日本法人，在國內開始展開代理店網，那就是日本關鍵字廣告的發源地。後來谷歌也加入日本市場，讓市場轉瞬間大幅擴展開來。

可是事實上，在那之後，廣告業界就再也沒有任何突破了。

雖然也曾出現例如配合部落格所寫的內容發送廣告的Google AdSense，或請人在部落格等中介紹商品，並根據營業額的成果支付報酬的聯盟廣告（譯註：類似成果報酬型廣告，聯盟廣告較強調與電子交易網站間合夥聯盟的關係）等，許許多多的嘗試，而且也獲得效果，但是始終沒有成為決勝關鍵的一擊，尤其網際網路涵蓋的生活文化範圍愈來愈寬廣，不論大家承不承認，「網路廣告應該還有更大的可能才對」的期待感都隨之水漲船高，但是，卻沒有可完全回應這份期待的網路廣告模式出現，大家難免因而焦躁了起來。

這份焦躁感逼著廣告代理商或企業走上歪路，像是只要有哪個部落格比較風行，就一窩蜂地搶進「哇！部落格行銷」，結果製作內容怪異的部落格，而引發公憤遭受譴責。就像我在本書中一路介紹過來的形式，傳播資訊的方式正在大幅轉變之中，因為維持以舊式大眾媒體廣告的思維就想衝進網路廣告，所以會一次次重複類似的失敗。網路的空間不如大眾媒體可完全受控制，如果硬是想要強加控制，當然會引發公憤而群起反抗等。可惜的是，到目前為止，還有太多人不了解這一點。

暫且不提那部分，總之，「應該可以更進一步預測顧客的行動吧？」「顧客與商品的符合精度應該可以更提高才對」等這些客戶企業或廣告業界端的期望，實際上與對於生活紀錄的強烈期望是串連在一起。

在網路企業這一端，龐大的顧客行動紀錄已經化為資料庫的一部分。

而且，在廣告業界這一端，想要根據資料庫中的這些行動紀錄，進一步預測消費者行動的需求日益升高。
這二者交會之下，就產生出對於生活紀錄的期望。

生活紀錄可演進到什麼程度？

為了避免誤會，在此先說明我並不是否定生活紀錄的科技或所帶來的商機，反而甚至認為生活紀錄具有極為寬廣的可能性，幾乎可以說寬廣到擴及地平線的另一端那麼廣大。

現在實用化的生活紀錄中最有名的就屬亞馬遜吧，亞馬遜分析大部分顧客的購買紀錄，分析當中關連性「買這個商品的人也都會買這種商品」，而提供像是「您好，〇〇先生，這裡有推薦商品」這類推薦功能，這正是典型的生活紀錄。

不過，生活紀錄還有再更加進化的可能。

比方說，如果使用手機，就可以非常廣泛且深入蒐集並累積人們的行動紀錄。

舉凡曾跟誰講電話或傳電郵，看過什麼樣的網站，拍過什麼樣的照片，如果有搭載GPS，還可以知道曾經在地圖上的哪個位置移動，如果有附電子錢包功能的話，也會知道曾經到過哪個車站，曾經在哪家便利商店買過東西等，還有如果有內建地磁感應器（電子指南針）的話，不但可以知道曾經朝哪個方向前進，甚至可以辨識是用走的還是跑的。

如果可以將這些資訊整合起來分析的話，應該就可以某種程度地預測那個人下一步的行動吧。

這正是生活紀錄廣告達到極致的未來願景。

谷歌等似乎也都每天在思考這類願景，時任執行長的艾瑞克・施密特（Eric Schmidt）在舊金山舉辦的活動中就曾發表這種關於未來遠景的談話：

「利用電腦與智慧型手機的組合，相信有一天可以做到不用在搜尋引擎中輸入關鍵字，也能邊走邊搜尋想要知道的資訊。電腦可以擷取人類記憶，防止遺失物品，還可以代替人開車，電話聯絡也可以有即時翻譯功能。」

而這樣的系統，正是搜尋引擎演進之後的未來，施密特還說：「請將它想成是具有偶然力（serendipity）的搜尋引擎」。Serendipity這個英文單字的意思是「遇上偶然幸運的能力」，在網路的世界中用於帶有「並不是自己主動去尋找，卻偶然發現非常好用的資訊」的含義。

偶然力的反義詞是「故步自封」（譯註：原文為「捕章魚壺化」，窄長壺橫放沉在海底，壺裡完全不受海潮影響，章魚因為習性會躲避進去而受捕，形容一成不變而坐以待斃）。

對網路持反對態度的高齡人士時常批評「搜尋引擎讓資訊故步自封」。這項指控完全正確，利用關鍵字進行搜尋的搜尋引擎，畢竟總是會受關鍵字牽引，與該關鍵字無關的資訊就不會顯示出來，所以才會造成故步自封。在這裡，如何能夠產生出偶然力就變成很大的課題。因此施密特才會說：

「未來的搜尋引擎不是用關鍵字搜尋，而是以生活紀錄的構造驅動的，所以不會故步自封。」

生活紀錄會蒐集生活行動上的紀錄，可以讓人們所擁有的無意識層面顯而易見，並做成資料庫。如果可以百分之百分析這些紀錄，生活紀錄支配資訊傳播的一切，並不是不可能的事。

就算我們不用特別做什麼，光是每天走在街上，買東西，和朋友享受午餐，讀書或看DVD等，都會有最佳資訊自動寄送過來。既不會顯示出與自身無關的廣告而破壞心情，也可以完全杜絕像是垃圾郵件般的廣告。企業和消費者以及廣告代理商將可皆大歡喜。

生活紀錄面臨的問題

但是，生活紀錄還有幾個必須解決的問題。

首先，第一個是電腦力（computer power）的問題。為了能夠有效驅動生活紀錄，分析的精度絕對必須提高，否則，大家可能會收到系統寄來與自己無關的資訊，不僅毫無幫助，還變成垃圾郵件。

關於「精確度」的問題，以目前的電腦力來說，還差的很遠。如同先前所描述的，亞馬遜算實現了相當善用生活紀錄的推薦系統，但那也是因為他們處理的是DVD、音樂CD等娛樂性要素較強的商品，所以分析起來會比較容易，但如果說要將生活紀錄應用到從日用雜貨或食品到政治報導等生活經濟社會政治全方位的領域的話，恐怕還很令人憂心。而且亞馬遜恐怕應該擁有將近一百萬台左右的伺服器，具有這樣規模能力的企業除了亞馬遜之外，大概就只有谷歌了。日本企業就算想要做和亞馬遜相同的事，恐怕也因為電腦力不足而不可能實現吧？

不單只是電腦力問題。演算法（algorithm）本身也是，以現在的做法進行分析是否能讓精度提高，還不是很清楚。如果沒有人發現劃時代的演算法，恐怕就難以有所突破。

不過，因為這些都是技術問題，只要時間久了，非常有可能可以解決，尤其像谷歌這種技術水準極高的企業進行處理的話，大概幾年後，就算保守計算，大概十數年後生活紀錄的技術可能就可以到達實用的程度了吧？

但是，生活紀錄還有一個更重要的潛在問題。

那就是「侵害隱私」的問題。

生活紀錄難以避免地引起侵害隱私問題，帶給人不愉快的感受。

在不久之前，日本經濟產業省（譯註：類似台灣經濟部）以「資訊大航海計畫」名稱推動各種網路相關的國產技術開發，部分原因是嘗試對抗谷歌或蘋果這些美國勢力。這個計畫的內容富饒興味，我甚至寫過一本書《網路國產力》（暫譯，原書名『ウェブ国産力』，ASCII新書出版），而該計畫中所採用選擇的服務中，大多數都屬於與生活紀錄相關的內容。

比方說，在某家百貨公司曾進行如下的努力：

在入口處預先設置SUICA晶片卡（譯註：類似台灣悠遊卡）閘門，以及附設人臉辨識功能的相機。當客人碰觸SUICA晶片卡通過閘門時，就會記錄為「編號一百二十三號的顧客已經通過閘門，一百二十三號顧客的長相是這樣的」。像這樣顧客到二樓紳士服賣場去看襯衫的話，附近的相機就會捕捉顧客的臉並加以辨識，認知「這位顧客與剛才通過入口閘門的一百二十三號顧客長相相同，正在找襯衫」。然後過了幾天，該顧客為了別的事又來到百貨公司時，百貨公司就會推薦「上次貴賓曾看過襯衫但沒有買。這次有新商品到貨，是否要看看——。」

這個系統不會取得顧客的姓名或住址，從頭到尾只以SUICA晶片卡的號碼進行管理，所以完全沒有觸犯個人資訊保護法上的問題，不過，我在演講等場合，每次只要一介紹到這個服務，當場幾乎所有人一定都會露出這樣的表情：「好恐怖……」。

沒錯。

雖然在法律上沒有犯法的問題，但是，令人感到恐怖的陰影總是揮之不去，這裡造成阻礙的正是生活紀錄的致命問題。

法律問題只要妥善應對，就可以確實地迴避。個人資訊保護法中明文規定「顧客的資訊未經同意不可交付第三者」、「顧客的資訊未經同意不可用於其他目的」。只要遵守這些條款就不會構成違法，如果有不知道該如何判斷的灰色地帶的話，只要日本經產省或總務省決定並公布相關規範，企業端就可以安心提供服務了。

但是「恐怖」的感覺與法律是無關的，無論是遵守個人資訊保護法屬於合法範圍，還是抵觸法律屬灰色地帶，即使在守法範圍內，但就是會感覺到「恐怖」。

其實這種「恐怖感」，會隨著時代或國家不同而大幅改變，如果比較美國人與日本人的隱私意識的話，很明顯地可以知道日本人對於隱私比較在意。但是以日本人來比較的話，相較於四十歲、五十歲的中高齡者，習慣將自己的照片或簡介暴露在手機網站等地方的十多歲年輕人，就比較不會那麼在意隱私問題。

關於隱私的這個概念本身，有一個說法是近代社會的產物，例如古代羅馬人的住宅是以房間圍繞中庭（patio）包圍成四角形的構造，朝向中庭的那面牆上開有大型的窗戶及門，面對外側街道端就全部是牆壁，阻隔「外面」，讓小偷較難入侵；但是，「內面」的中庭與房間則比較沒有隔閡地串連在一起，其間的窗戶或門也從不關，對內幾乎完全沒有隱私，也就是說完全沒有私人房間的概念，住在同一個家裡的人彼此之間的生活全都看得一清二楚。

這個情形在日本也一樣，只要去古早的農家等，區隔房間與房間之間的界線只單純用紙門而已，聲音全都聽得見，而且還有必須穿過隔壁房間才能移動到達另一個房間的格局也不算罕見。當全族集合在一起舉辦宴會等時候，將所有的紙門都移開，就會變成一個很寬廣的空間。在這樣的房子裡，讀高中的兒子就很難偷偷地把女朋友帶進自己的房間，展現一些特殊才藝了吧？

所以，隨著時代不同，對於隱私的感覺也逐漸改變，也許有一天，人們再次不大在意隱私之類的日子又會到來。而且，這樣的日子說不定意外地很快就會降臨。

這個隱私的話題與本書主題的關係不是很大，所以就此打住，總而言之，現在的時間點上，這種關於隱私「覺得恐怖」的問題還沒有辦法解決也是事實。而且也不得不說只要這個問題沒有解決，想要暗地裡蒐集人們資訊的生活紀錄就難以普及，這個情況無論是在美國或在日本都一樣。

暗中進行？還是敲鑼打鼓？

使用生活紀錄的方式傳送資訊的做法，如前述原因，想要在二〇一〇年代實現，其實還有很大的困難。

但是，話雖如此，以前那種大眾媒體式的資訊流通方式也已經瀕臨結束。同樣的資訊一致地單向傳送，「因為別人已經買了，所以自己最好也跟著買」、「我要買比公司那位同事更好的」，類似這種虛榮心作祟的符號消費，進而促進大量消費的時代已經邁入尾聲了（詳見第二章）。

所以，生活紀錄或大眾媒體二選一的問題，是得不到正確答案的。

應該還有其他的解決辦法或其他的正確答案才對。

我認為，事實上，「打卡」不正是那個嶄新的、正確的答案嗎？

有一種「暗中進行？還是敲鑼打鼓？」的思維。

所謂暗中進行，就是「神不知鬼不覺」；相反地，敲鑼打鼓就是「將實際上的內容清楚攤開」。

美國的網路業界也有一個稱為隱式網路（Implicit Web）的名詞，以維基百科英文版查這個詞，會獲得如下的說明：

「隱式網路是在二〇〇七年創造出來的概念，是專門整合從網際網路擷取蒐集到的個人資訊，並集合成一個人完整行動的全貌的網路。隱式資料包含點擊過哪些按鍵之類的資訊及日常都在看什麼樣的媒體等等，各種並不是用戶自己在已知的情形下而輸入的資料。」

這正是生活紀錄的寫照。但是這種隱式網路因為是「在神不知鬼不覺間」進行，所以難免會引起「個人資訊在神不知鬼不覺間被盜走」這種隱私方面的不安，而且在現今這個時間點上，由於電腦力和演算法的問題，究竟能夠掌握多少準確的資訊，也相當令人懷疑。

因此，這時候，不是生活紀錄而用明示的方式就浮現腦海。

所謂「明示的」解決方式是指什麼呢？

那就是這麼回事——自己是在「有意識」的情況下，將自己的行動告訴他人。

生活紀錄是在「無意識」之下所累積起來的資料，如果所累積的資料是以有形的形式出現眼前，讓使用者在有意識的情況之下，將個人資訊透過第三方以「敲鑼打鼓」的方式公開，就不會產生「神不知鬼不覺」的不安。也就是說藉由外顯的方式解決，建構不會產生隱私疑慮而又穩固的系統制度，從原本的「不可能」化為「可能」。

最具有代表性的案例，就是foursquare的「打卡」。

如之前說明，foursquare的打卡，是使用者將「現在我在這裡喔！」這個所在地資訊藉由按下「打卡」而公開的行為，藉由打卡不只進行所謂「獲得這個場所資訊」的資訊蒐集，同時也可以向朋友們敲鑼打鼓地宣告「現在我在這裡喔！」。

換句話說，foursquare不會以內隱的方式，暗中傳送「我目前的所在地」給他人，而是透過「打卡」這個公開行為，才會開始傳送。

有些人認為暴露「自身現在所在地」會非常危險，像這種觀感因人而異的資訊，藉由打卡行為得以讓使用者不會感到不安，而可以放心地傳送給朋友們。比起之前谷歌定位自動傳送所在地資訊，也就是不著痕跡的「內隱」（暗中）方式，和foursquare以敲鑼打鼓的「外顯」（明示）方式，兩者的差異應該非常明顯吧？

此外，這種打卡功能，不但藉由敲鑼打鼓的方式，消除使用者對於隱私權的疑慮，同時，還包含一個很重要的意義。

那就是使用者可以自行選擇立場，決定「我要以什麼方式得到資訊？」。也就是說，它為資訊蒐集帶來了自主性。

在生活紀錄中，以內隱的方式蒐集得來的使用者行動紀錄為基礎，由系統端分析後判斷「這個人應該會需要這樣的資訊吧？」，再傳送資訊給使用者。在這之間，使用者並不具有自主的選擇權。

但是，在打卡制度裡，是使用者主動宣告「我要打卡」，正因為這個主動的動作，使用者就有了自主性。至於要在哪個場所打卡？要不要獲得該場所的相關資訊？只要不打卡，也就不會強迫你接受該地點的相關資訊，而且，也不會從沒有打卡的地點送來資訊。

打卡可消除隱私疑慮

這個發現，可能就是所謂「哥倫布的立蛋」（譯註：日文諺語，哥倫布敲破熟蛋的蛋殼，讓蛋站起來；引申為用意想不到的簡單方式解決難題）。只因為打卡制度這樣一個小功能，就只是在手機上點一下，小小的一個動作，就能讓有關生活紀錄的各種問題得以一百八十度大翻身。

而且，「打卡」這個思維，也已經開始擴及其他領域。

比方說，有一個網路服務名為Philo，簡單地說，這是一種「跟我一起看電視節目」的功能，可以和別人分享「我目前收看哪個電視節目？」。這種網路服務的方式為先自動找到使用者目前所看的電視節目，用戶在Philo中「調校」自己喜歡的電視節目後，就可以將「我收看的電視節目」資訊和社群分享。

只要登入Philo，就可以知道自己的朋友喜歡收看哪個電視節目，在那裡有什麼樣的交流，大家因為什麼而炒得氣氛熱烈等。這將可以成為用於找尋有趣節目的魅力動線吧？然後如果從朋友的電視頻道中發現有趣的節目，自己也開始看，覺得有趣的話就調校。這個資訊也與推特或臉書合作而傳遞出去，於是「跟我一起看」的人數，就如同漣漪般擴散開來。

另一個類似打卡的網路服務為Foodspotting，這是提供可以在餐廳滿桌的料理進行打卡的服務，拍下料理的照片，地點、店名和料理名稱，就可以將該資訊與大家分享。如果在剛好覺得「想吃個午飯」時，隨時隨地啟動Foodspotting就能搜尋附近店家，一邊參考照片、一邊選擇餐廳。

二〇一〇年起，臉書按「讚！」（Like）的功能，也可以視為「打卡」的延伸。

無論什麼樣的網站或部落格都可以嵌入「讚！」，是一種開放式的功能，只要你在自己的部落格裡設置「讚！」按鍵，有讀者看到你部落格的貼文而覺得「好玩！」時，就有可能給你按個「讚！」，於是「讚！」資訊會馬上發信給該讀者臉書的好友們，有可能讓人覺得「哦，有那麼好玩的部落格啊！」，進一步讓有興趣的好友們造訪。

也就是說，按個「讚！」是讓網友可以在部落格或網路上打卡的裝置。

像這樣，打卡的概念可以擴展至相當寬廣的範圍。

我們再以稍微更寬廣的層面來重新檢視打卡的意義。

打卡也許可以說是為了蒐集「場所」、「電視節目」、「料理」、「部落格文章」、「報導」等領域的相關資訊，將路標插在網路上的資訊汪洋的行為。如果沒有任何線索，從龐大的雜亂資訊汪洋中想要擷取蒐集資訊是非常困難的事情。不過，只要有「現在大家都在看的節目」、「目前我的所在地」、「好像很有趣的部落格」這些線索，就可以這些線索為軸，確實地擷取蒐集資訊。

從這個觀點延伸，搜尋引擎的「關鍵字」也可以說是一種線索。換句話說，我們在搜尋引擎以「關鍵字」打卡以蒐集資訊。

說起來，這個線索是類似用於蒐集資訊的「觀點」，也就是所謂從哪個位置、哪個方位、哪個視角獲得資訊的觀點。我們藉由打卡進入觀點、獲得該觀點，所以才可以眺望資訊汪洋。

打卡進入「搜尋關鍵字」的觀點，獲得與該關鍵字相關的資訊。

打卡進入「場所」的觀點，獲得與該場所相關的資訊。

打卡進入「現在大家都在看的電視節目」的觀點，大家一起熱烈討論該節目。

打卡進入「好像很有趣的部落格」的觀點，與大家共享那個話題。

所謂觀點僵化

說起來，「觀點」就像是插入雜亂資訊汪洋的樁一般，資訊在那根樁的週遭捲成漩渦，而樁就會順利地為我們蒐集資訊，我們只要將手伸長插入（打卡）到樁的地方等待就可以了。

我們經常像這樣在過濾網際網路上的資訊。

但是打卡進入觀點這樣的方式，其實潛藏著一個危險。

那就是「故步自封」的危險。

從某個觀點觀看，就是有可能眼界、觀點、立場、方向，經常發生「僵化」的情形。

由搜尋關鍵字這個觀點來看的視野，就只會圍繞在搜尋關鍵字的週遭來回打轉，而不會告訴我們在那之外還有多麼寬廣的天地存在。

如果去某個場所打卡，雖然會得到該場所的資訊，卻不能同時得到世界各地各種場所的資訊。

就算打卡進入大家看的電視節目，也不會知道其他頻道的節目資訊。

就算打卡進入好像很有趣的部落格，也不會告訴我們其他還有什麼樣好玩的部落格。

這就是說觀點經常被受限，正是這種僵化具有招致故步自封而造成眼光狹隘的危險後果。

這是非常嚴重的兩難（dilemma）。

因為觀點受限與故步自封是一體兩面——如果觀點不受限就無法順利蒐集資訊，但從觀點僵固下來的瞬間開始，資訊就因為故步自封而僵化了。

網際網路資訊的雜訊汪洋實在太浩瀚了。

為了要從中獲得資訊，我們帶入了「關鍵字」或「場所」這些觀點，這些觀點確實協助我們比較容易蒐集資訊，但另一方面也必定會形成故步自封的僵化，而讓我們眼中看不到世界的寬廣。

究竟該如何是好呢？

電影《變腦》的啟發：從別人的眼睛看世界，不就等於在別人的觀點上打卡？

在這裡，再提出一個重點。

有沒有看過《變腦》（*Being John Malkovich*）這部電影？

這部奇幻的電影作品是一九九九年的美國電影，是由導演奇才史派克・瓊斯（Spike Jonze）執導的作品，當時瓊斯與菊地凜子的緋聞也盛極一時。日文電影名稱翻譯為《馬克維奇的洞穴》，馬克維奇指的就是男主角的性格男演員約翰・馬克維奇（John Malkovich）。劇情描述在某辦公大樓的七樓與八樓之間，有一個「七又二分之一樓」的夾層，最內側的牆壁上有一個洞穴，從那個洞穴進去，竟然可以進入約翰・

馬克維奇的腦中，但是僅僅只有十五分鐘。故事就設定在這麼極為詭譎奇幻的背景之下。

發現那個洞的主角想利用它做生意，向人收錢後，將顧客一個個送進馬克維奇的洞穴中，顧客們進入馬克維奇腦中的十五分鐘內，透過馬克維奇的眼睛看世界，短暫地成為「十五分鐘的馬克維奇」；換句話說，就是可以藉此獲得馬克維奇的「觀點」。

話說到了二〇一〇年，foursquare在美國推出名為「位置層」（Location Layer）。就是讓彷彿實現電影《變腦》劇情中，異想天開一般的社群網站服務。並在Location Layer加入新聞摘要服務的《赫芬頓郵報》（*Huffington Post*），以及播放獨立電影的有線電視頻道IFC。

一旦用戶選擇使用「位置層」的服務，在foursquare上會出現「您的位置層要設定為《赫芬頓郵報》嗎？」和「您的位置層要設定為IFC嗎？」的選項。

假設你選擇《赫芬頓郵報》的位置層，於是，接下來每當你在某個場所打卡時，就會顯示出《赫芬頓郵報》中，所刊登過關於該場所的報導。用戶看了該報導，就可以知道諸如：「原來如此，《赫芬頓郵報》針對這個場所有過這樣的分析！」「這個場所竟然發生過這種事，《赫芬頓郵報》上有寫過這樣的報導喔！」之類的事情。

換句話說，就是無論你在哪個場所打卡，都只會變成用「《赫芬頓郵報》的眼睛」觀看那個地方。《赫芬頓郵報》是由一位名媛亞莉安娜．赫芬頓（Arianna Huffington）於二〇〇五年開始成立的網站。一開始，是一個你可以讀到她用自己的人脈請來名流發表政治意見的網站；現在，則不只是政治而已，內容涵蓋經濟、社會、生活文化、影劇八卦等，瀏覽頁面次數（page view）甚至大於傳統紙媒報社的新聞網站，在政治上來說，真要分類的話，算是以自由派立場而頗具知名度。

所以使用《赫芬頓郵報》的位置層閒逛各種場所，並在那裡打卡，用《赫芬頓郵報》的「眼睛」去看那個場所的資訊，正等於用亞莉安娜所謂「自由派名媛」的觀點，去看那些場所。

也就是說，可以借亞莉安娜．赫芬頓的「眼睛」，簡直就像躲在他的頭腦裡在看外面的世界一般特別的體驗。

人與人之間，總有看法不一的時候

這其中必定會產生資訊的動搖與分歧。

畢竟，你的價值觀和世界觀與亞莉安娜的不一樣，就算是亞莉安娜的忠實信徒、死忠「粉絲」（fans）也一樣，天底下不可能會有二個人的價值觀與世界觀一模一樣，無論多麼相似的人，其中還是多少有些差異，而這個差異就會讓資訊的蒐集方式產生分歧。

接著，這就成為藉以克服「故步自封」問題的切入點。

我先前所提的觀點——搜尋關鍵字、場所、電視節目、似乎很有趣的部落格，這些都是「沒有人格的無機物」，只要以這些無機物為依據，難以避免地觀點就一定會僵化，進而演變到故步自封的程度。

但是，每個人有各自不同的價值觀，藉由被驅動而進一步打卡，讓我們把別人的觀點當成自己的，因而產生的觀點將具有防止觀點過於故步自封的可能性。

若以生活紀錄的方式，無論如何總是會有「自己所不知道的世界」成為永遠無法到訪的死角。例如只要在亞馬遜網站（Amazon.com）購物，亞馬遜就會只以你的購買紀錄為線索，向你推薦「是否要購買某商品」，以往完全沒買過的商品類型，往往就不會獲得推薦。

但是在推特上瀏覽朋友們的時間軸（timeline）（譯註：Tweets推文列表，裡面包含用戶所跟隨的推友的所有推文）時，自己平時完全沒有興趣的資訊卻突然映入眼簾——只要曾經用過推特的讀者，應該都有類似經驗吧？

「我平時完全不看漫畫的，不過，有人推說『這個超有趣的！』，所以我就買來看看，結果實在太有趣了，我還熬夜看呢！」

「我從推特上知道YouTube的影片，那是我第一次看芭蕾。其中所呈現的世界讓我很驚豔！」

這類經驗，在我們現在的生活中幾乎是家常便飯。

部落格也一樣，用關鍵字所搜尋到的入口網站裡，只會顯示出與自己所搜尋的關鍵字相關的事情，可是如果有喜歡的部落格，成為那個部落客的粉絲，註冊像是「谷歌閱讀器」之類閱讀部落格的應用軟體，每天閱讀，這麼一來，當那位部落客寫到你平時絕不會有興趣的領域相關內容時，可能也會突然觸動你的好奇心。

其他像口碑網站或社群網站服務（SNS），也都是一樣的道理。

以名媛的眼睛看世界？獲得觀點的新思維

有一個名詞叫做「觀點」（perspective）。

所謂觀點，指的是一個人採用什麼樣的位置、角度與價值觀在看事物的架構。

相較之下，另一個相近詞「視點」，則偏向單指「觀察事物時的角度」。因此，相較於「視點」，「觀點」不僅是所站的位置而已，還包含世界觀和價值觀等只有人類才能擁有的「人的思維」。

當你使用《赫芬頓郵報》的Location Layer（位置層）在特定場所打卡，就可以藉由亞莉安娜・赫芬頓的觀點去看那個場所，那與單純只從所在地看世界是屬於完全不同的層次。

從場所看世界這樣的行為，將使所站位置、方位及視野角度都流於僵化。但是若從亞莉安娜・赫芬頓的觀點來看世界這樣的行為，將是依循著她的世界觀與價值觀，旅渡在世界之中。

觀點因人而異，尤其是若能獲得具有獨特世界觀的人、具有某種素養的人或對特定領域十分熟悉的專業人士的觀點，必定可以增添不少樂趣。

以Location Layer（位置層）來說，在日本也有很多以「逛街行腳」為主題、內容很有趣的旅遊型電視節目。比方說，日本著名的主持人塔摩利（Tamori）的《塔摩利閒逛》（日文原名『ブラタモリ』）、演員地井武男的《地井散步》（日文原名『ちい散歩』）、插畫家吉田類（Rui YOSHIDA）去形形色色的居酒屋帶觀眾享受好酒和菜餚，還會和店內熟客相談甚歡的《吉田類的酒場放浪記》（日文原名『吉田類の酒場放浪記』）。如果提供這些節目的Location Layer，那麼我們就可以獲得塔摩利、地井武男或吉田類的觀點，從那個獨特的觀點重新去看市街了，相信以往毫不起眼的街道一定會映射出不同的光采，重新散發魅力而開始閃耀起來。

另外，在推特上跟隨（follow）某人的這個動作，也可以視為在「跟隨對象的觀點」打卡吧？

比方說，在推特上發現有趣的推文而加入跟隨那個人，於是他發出的推文就會不斷地傳入自己的時間線裡，所以說我們就在時間線以他的眼睛、他的觀點在看世界。

同時，你的朋友會知道你在跟隨某人，朋友覺得「哦，跟隨那個人好像很好玩的樣子」，也可以新加入跟隨。也就是說當你進行跟隨的這個動作，就等於同時進行二項作業：其一是從跟隨對象獲得資訊，進行「蒐集資訊」作業，其二是向朋友宣告你跟隨誰的通知作業。

藉此成立「在觀點打卡」的行為。

如同先前所說明過，這已經是現在各種社群媒體上都在進行的行為了。

閱讀可靠部落客部落格中的貼文。

相信口碑網站中可靠評論家的口碑。

在食譜投稿網站——COOKPAD（編按：類似iCook愛料理網站）總是推出美味料理的人，我今天也要照他的食譜做菜。

跟隨會介紹許多好資訊的推特用戶。

光靠關鍵字或種類場所那些無機物為視點，將難以獲得嶄新的資訊，但若在他人的觀點打卡，用那些人的視點看世界，新鮮多元的新資訊就可以源源不絕地傳進來。

在別人的觀點上打卡。

藉此我們會發現，這世界充滿驚奇。

在觀點上打卡以渡雜訊之海

說明至此，恐怕還會有人反駁如下說法：「同類好友在社群媒體上集結成小圈圈，人際關係不也還是會故步自封而僵化陳腐嗎？」

每當我針對社群媒體的滲透性進行演講時，一定會受到這樣的質疑，但是這個想法事實上有百分之百的錯誤，關於這一點，將在第四章詳細說明，請各位讀者再稍待一下。

我們回到原來的話題，在此做個總結。

在觀點打卡而獲得觀點的行為，將總是與你自身的觀點有些偏差而不斷產生些微差異，「你所追求的資訊」與「你打卡的觀點所追求的資訊」就會有所差異，而這份差異就會經常為所蒐集的資訊帶來雜訊。

然後，這個雜訊就會產生偶然力。

也就是你並不期待的資訊，有可能就像寶物般，埋藏在這份「差異」中。

然後接下來這也是很重要的重點，在觀點打卡這個行為不是要取得資訊本身，而是只要取得用以獲得資訊的觀點就可以，所以過濾的門檻大幅降低。

從資訊雜亂的汪洋中撈取各片段的資訊，如同在針葉山林中找尋一根細針般，伴隨著非常高的難度且需要高度技巧。但是零散點綴在汪洋中的觀點，相較於整體資訊量就只有極少的數量，所以找觀點的工作相對來說容易得多。

而第三，這種明示且自主性的「在觀點打卡」的行為可避免像生活紀錄那種對於隱私曝光的恐懼。親自用手去選擇某人的觀點，以那個人的觀點看世界的這個行為，完全不需要將自己曝光。

利用在觀點打卡，我們將可以藉此橫渡資訊雜亂的資訊汪洋，深入前進到生態圈分眾化的溼地社群之中，與棲息其間的小蟹、小蝦或小魚們相互共鳴，在這個小而豐富的空間中生活下去。

第四章

策展的時代

在雜亂的資訊浩瀚汪洋中，如果不做任何處理，只能任由無知的荒漠擴展，完全不知道對自己有用的資訊停留在哪裡。如同沒有帶指南針就直接出海，只會因為範圍太過廣大而不知所措吧？

但在這片寬廣淺海就算到處打樁，簡單蒐集樁邊的資訊，也只是翻攪出一些混濁罷了。你不需要去找資訊本身，只要判斷哪根樁停留著什麼樣的資訊，並靠近那些樁，將手伸進樁周遭的水流中就可以了，只要輕輕撥弄手邊冰涼清澈的水，你的眼睛自然就會清楚看見其中形成漩渦的資訊。

因此，隨著打卡（check in）進入某人的觀點，我們從雜亂的資訊浩瀚汪洋中，將可以確實地擷取資訊。

而這部分與在第二章詳細說明的「朝向串連的時代」那種背景投射大幅重疊。

正是因為這份人與人的串連，我們才可以確實地接收資訊。

而且，與其說現在我們是在消費購物，不如說是在追求與人的串連。

這也許就是讓消費社會與資訊社會整合的巨大潮流。

現在，正不斷產生藉由社群媒體而被分眾化的脈絡、情境，透過那些脈絡、情境的故事，我們彼此共鳴、擁有同感，然後，接著可以相互認同——我們都正在踏入這樣的時代之中。

比方說，買眼鏡這項行為，就實際角度來說，單純只是購買「比較容易看清楚眼前的景象」這個功能；可是，現在還包含「想起賣眼鏡給我的田中老闆的笑容」這層人際串連關係，也就是說，二〇一〇年代的消費本質已成為：

商品的功能＋人與人的串連

同樣地，資訊流傳本身不再只是獲得資訊這個實際的功能，其中同時也成立「以資訊的往來串連人與人」的共鳴，我們已經來到這樣的時代了。

蒐集資訊＋人與人的串連

如果是這樣，其中用於產生共鳴與同感的脈絡、情境空間將絕對不可或缺，而且要製作出脈絡、情境，光憑搜尋關鍵字、場地、或節目這些所謂「視點」的「椿」是不夠的。

所以，其中還需要有「人」的介入。

藉由人的介入，「椿」不再只是所站立的位置或觀看的角度這些「視點」層面，

說，寫著「為了成功起訴小澤一郎，檢察總長與民主黨某幹部曾密談」的內容，對一般人而言，要驗證這種事情幾乎是百分之百不可能。就連報社老練的記者，要取得相關消息來源的門路都相當難。

所以所謂「分辨資訊真偽」的能力，並不是任何人都可以經由培育而學會的，這也是理所當然的結論。

然而，另一方面，如果「檢察總長與民主黨某幹部曾密談」是由著名的政治新聞記者上杉隆（Takashi UESUGI）或田原總一朗（Soichiro TAHARA）署名報導中所寫的內容的話，又如何呢？你會不會認為這是大多數人足以相信「這可能是真的」的報導了呢？

原因很簡單，就因為以前上杉隆記者和田原總一朗兩位政治線記者一路寫來的報導中，足以相信的報導居多。

意思也就是說「要分辨資訊真偽」很困難，但相較之下，「要分辨一個人的可信度」則容易得多。

網路讓人以往的言行舉動變得透明

再更進一步深入探討的話，要探測一個人的可信度，在社群媒體的時代與以往相比，容易的程度簡直是無可比擬。

例如我寫了部落格，並在推特（twitter，現名X）推文，甚至在好幾個新聞網寫過新聞稿，或將訪談內容寫成報導，只要在谷歌（Google）等搜尋引擎搜尋我的名字，將會抓出高達數十萬筆這些過去的檔案，只要讀過這些檔案，就大致可以了解我以前寫過什麼文章以及發言內容。

假如我今天說的話與二年前左右說過的話完全相反，有的人就會去搜尋然後立即指責我「佐佐木先生，你在兩年前說過這樣的話，你今天說的根本就不一樣啊。究竟是怎麼回事？」

相較之下，電視的新聞評論家（電視名嘴）實在是輕鬆多了喔？

日本的電視評論節目中，可看見許多電視名嘴是隨著當天攝影棚內的氣氛而說話變來變去的情況。形容他們用「見多識廣」這個詞實在太抬舉，簡直可以說是沒有操守，而他們之所以能夠這麼毫不在意地做出這樣的言論，就是因為有「觀眾是健忘的，根本不記得名嘴們以前在電視節目中的發言」這個前提。

當然，如果先錄影下來的話，也可以看見以前的節目，只是這麼做不但費時，而且會做這種事的人不是相當無聊，就是特別的研究人員。也就是說，在電視的世界中，信賴感能否成立，只是依據具備那個人的頭銜、給人的觀感或評論的氛圍（能夠用像蜜糖般甜言蜜語說話討好年長者的人比較受歡迎）這整套包裝，而以往的行動紀錄是不會反映在信賴感上的。

在上班族的社會裡也一樣吧？只要有「名片上的頭銜」這個包裝，就會有信用，與之前他個人說過什麼話，或進行過什麼活動沒有什麼關係。

可是，在網路上就不是這樣了，所謂在網路上進行活動，自己當下的行動包含以往的行動紀錄全部隨時被透明化，只要將關鍵字輕鬆地丟入搜尋引擎，任誰都可以輕易地讀到所有紀錄，這是一個這些包圍自身的脈絡，將永遠跟隨著自己到處跑的世界。

對於那些電視中名嘴們而言，這應該是很恐怖的世界吧？不過，反過來想，只要確實認真地發言，觀點前後一致的話，也可以說這是個永遠可以用背景資料保持自身可信度的安定世界，這是一個即使沒有那些無聊包裝的掩飾，只要好好地表現，就會受到信賴的世界。

現在現實的社會整體也正逐漸朝這個方向邁進，因為現在還有出現一種部落格，針對電視八卦新聞中做出無聊評論的那些人，對照過去的節目紀錄而批評他們多麼沒操守，所以只要用名嘴的名字搜尋，就會找到這些部落格。公司職員的可信度也是一樣，就算拿著大型企業的名片，其實說不定是派遣員工或約聘人員（事實上，拿著電視臺名片的人，大多數其實是下包製作公司的人。名片的一角有時候可能還會印上製作公司的名稱），而且就算是正式職員，公司本身也有可能明天就忽然倒閉了。像現代這種流動不穩定的社會中，由外表的包裝所建立的信用，只不過像是吹一口氣就飛走的紙屑一般。

這麼一來，無論是電視名嘴還是公司職員，都只能靠自己用以往的行動紀錄，努力提高可信度，現在我們正邁入這樣的時代。

話說回來，像這樣在社群媒體上，「人的信用」可以被看見，而且是可以馬上做確認的系統結構。雖然我們幾乎不可能分辨資訊本身的真偽，可是現在已經進展到可以某種程度推測發布資訊者的可信度。

正因為如此，以「人」為觀點的資訊流通，就層面來說，現在已經變成具有不容忽視的實用性，而展現在我們面前。

何謂策展人？

這個提供「觀點」的人，英文的網路世界中稱為「策展人」（curator）。而策展人所進行「觀點的提供」，正是策展（curation）。

做為本書標題的這個詞，終於到了正式介紹的時間。

所謂策展人，原本是用在博物館或美術館，意思是指「策畫展覽（譯註：日文稱為學藝員）」的人，從事的工作就是蒐集全世界各種藝術作品的資訊，將那些作品借來集合在一起，並賦予某種一致的意義，最後得以成立為特展。

「無論是美術館或畫廊還是路邊的倉庫等，所有設立展覽會等企畫並加以實現的人的總稱就是策展人。形式不限定於展覽會，也包含表演（performance）等活動，或出版物的形式。可以說他們也是透過『選擇作品，並作出一個場所，將它們以某種方式讓其他人看見的行為』，製作關於藝術的新意義、詮釋，也是故事的旁白者吧！」（摘自《美術手帖》二〇〇七年十二月號）。

這與循著某條脈絡或情境（context）從資訊雜亂的洪流中擷取資訊，就像口耳相傳的方式，使其在社群媒體上流傳的行為，在基礎道理上非常相似。所以將策展人這個詞從美術展的框架拉出來，現在已經也廣義指為「資訊主宰者」。

夏卡爾展覽會的全新打光

舉個美術界中很好的策展案例。

二〇一〇年夏天，夏卡爾（Marc Chagall，一八八七年至一九八五年）的展覽，在上野東京藝大美術館（The University Art Museum, Tokyo University of the Arts）開展。

說到夏卡爾，一般會想到他最有名的畫風是男人與女人輕飄飄地浮在空中，有如天使在飛似的夢幻感覺。溫柔的淡色調，加上牛和天使、結婚典禮的新郎新娘等各種畫中題材，讓人感覺到豐富的故事性等，在日本也是非常受歡迎的畫家，想必很多人都覺得「看了夏卡爾的畫，就會有幸福的感覺」。

夏卡爾與妻子貝拉（Bella Rosenfeld）一生相愛的故事眾所周知，甚至被喻為「愛的畫家」。

從這些元素來看，夏卡爾在大眾消費裡八成會以「以深切的愛為一貫主題的奇幻風格畫家」、「受到夢幻女性的高度喜愛」這類包裝來形容他吧。事實上，去到在日本舉辦的夏卡爾展，會看見大部分都擠滿喜愛大眾消費的中高齡女性。

可是，當時一踏進東京藝大美術館，就會發現會場中流動著不同的空氣。與以往大眾既定形像完全不同的光，正照射在他的作品上。

展覽會的標題是「夏卡爾與俄羅斯前衛派的邂逅」（Marc Chagall et l'avant-garde russe dans les collections du Centre Pompidou）。

展覽會的概念，在於呈現由俄羅斯革命所引發想要超越資產階級藝術的俄羅斯前衛藝術運動，事實上與夏卡爾具有密切關係。將俄羅斯前衛派的畫作，與超現實主義派的夏卡爾並列展出，恐怕是史上頭一回。企畫這次展覽的巴黎龐畢度中心（Centre Pompidou）策展人安潔拉．藍普（Angela Lampe）在展覽手冊中寫下如下的一段話：

「無論多麼大型的夏卡爾展覽，都不曾選擇他和故國（俄羅斯）前衛派豐富的交流做為主題，實在令人很驚訝。」（編按：夏卡爾出生於俄羅斯的猶太家庭，一九二三年定居法國巴黎，一九四一年移居美國，一九四八年至一九八五年定居法國。）

「龐畢度中心反映夏卡爾的意念，決定接受這項挑戰，以豐厚的企畫力與策展力，實現將夏卡爾的畫作與俄羅斯前衛派作品一起展出的展覽。」

夏卡爾與前衛派

夏卡爾是猶太裔俄羅斯人，一八八七年出生於俄羅斯維捷布斯克（Vitsyebsk），這個城市位在距離莫斯科西方數百公里遠，現在屬於白俄羅斯（Belarus），自古就是猶太人區。

當時正值俄羅斯帝制末期。

夏卡爾就讀首都聖彼得堡的藝術學校時，俄羅斯的藝術正受到西歐高更和梵谷的影響，正值樸素派（原始主義 Primitivism）啟蒙的時期。對於帝制俄羅斯資產階級藝術反彈，而打出俄羅斯大地根深蒂固的民族本色的運動。店鋪招牌、服飾布料、玩具、小孩的繪畫、塗鴉等之前不被視為藝術的東西為主要題材，展現強烈色彩與簡潔畫風，以扭曲的透視畫法及粗糙筆法描繪。夏卡爾也受其影響，畫風原始樸素。

夏卡爾在二十二歲時與後來成為他妻子的貝拉相遇，當時貝拉才年僅十四歲，但兩人兩情相悅、論及婚嫁。不過要等貝拉成年才能結婚，還必須等六年。一九一〇年。夏卡爾為了學習美術而遠赴巴黎。

在這個藝術之都，夏卡爾深受馬諦斯（Henri Matisse）和梵谷（Vincent Willem

van Gogh）的影響，轉變為繪畫色彩極為強烈鮮明且豐富鮮豔的作品。標題為《畫室》（*L'atelier*）的畫作會讓人聯想到梵谷《在阿爾的臥室》（*The Bedroom at Arles*），同樣描繪明亮的室內。

晚年，夏卡爾甚至多次感懷「我的色彩是在法國孕育的」，夏卡爾確實就是在巴黎期間將俄羅斯樸素派與西歐野獸派（Fauvisme）的鮮明色彩融合，而確立自身畫風的。

俄羅斯原生的根源，野獸派強烈鮮明的色彩，加上將東西形體分解再重組的立體派（Cubism），將這些潮流混合之後，夏卡爾畫出了自己的作品。

例如一九一一年的畫作《給俄羅斯、驢和其他》（*To Russia, Asses and Others*），畫中拿著擠奶桶的農婦，身體由馬口鐵皮構成，而頭部從身體分離，《舊約聖經》中所描述的祭祀犧牲的紅色的牛，以及俄羅斯正教會的教堂。像這樣將原生故鄉的題材以野獸派畫風呈現，民族性與二十世紀新畫法融為一體而渾然天成。

同一時期，在俄羅斯由馬列維奇（Malevitch）及拉里歐諾夫（Larionov）等畫家席捲起「立體未來主義（Cubo-Futurism）」等潮流，也與夏卡爾同樣屬於融合樸素派及野獸派的風格，這些後來進展成為俄羅斯前衛派。

夏卡爾與俄羅斯前衛派的藝術家們在相同的時代裡，彼此強烈地相互呼應。

一九一四年，夏卡爾回到俄羅斯後，就與貝拉結婚。

三年後，爆發俄國大革命。

夏卡爾受託於革命政府，在故鄉維捷布斯克創立人民美術學校，從莫斯科和彼得格勒（Petrograd）（譯註：聖彼得堡於一九一四至一九二四年間的舊稱）等都市招來藝術家們，該校在新制的藝術界中成為推動俄羅斯前衛派的引擎。

但是從夏卡爾招來的馬列維奇開始創立至上主義（Suprematism）的時候開始，夏卡爾與學校學生和老師們的想法逐漸相左，所謂至上主義是前進到徹底抽象化，類似到達極限藝術（minimal art）的極北方向，作品包含「只畫純黑色的四角」、「白色正方形」之類的畫作。

由於馬列維奇是屬於魅力型（charisma）的人物，所以讓夏卡爾創辦的人民美術學校後來就變身成為至上主義的根據地，人心遠離夏卡爾，他最後寂寞地離開故鄉城鎮，而當時正好史達林主義抬頭，革命的夢想幻滅，一九二三年，夏卡爾前往巴黎。

之後，夏卡爾脫離前衛派，進入只有他自己所擁有的繪畫世界。

後來法國在第二次世界大戰的煙火瀰漫中被德國占領，一九四一年，夏卡爾身為猶太裔俄羅斯人，為了避免政治迫害，渡海到美國。

一九四四年，二次世界大戰末期，最愛的妻子去世，夏卡爾獨自一人被遺留在異級精采畫作而有一枝獨秀且屹立不搖的地位。在這個世界上有很多即使沒有相關的知識，也能在看到的瞬間給予觀眾胸口有如刀刺般激情的感動與衝擊的作品，就這個層面而言，脈絡、情境也許不過就只是依附於內容的存在，而不算單獨成立的要素。

不過在藝術界，的確也存在著如果沒有「伯樂」找出脈絡、情境，任誰也不可能接觸到「千里馬」創造的內容。

那就是「非主流藝術」（outsider art，或譯為素人藝術）。

在本書前言曾介紹過約瑟夫・約克姆（Joseph Yoakum）也是知名的素人藝術家之一。

這些人並不是專業的畫家，也沒接受過正規的美術教育，而是有精神障礙的人，或受到宗教啟發的人等，在那些與時代美術理論完全無關的地方，只純粹憑著靈感而創作，這就稱為素人藝術。

在日本，最有名的素人藝術家應該就是亨利・達戈（Henry Darger，一八九二年至一九七三年）。

達戈生前是沒有家人也沒有朋友的孤獨老人。在芝加哥的醫院擔任清潔工，每個週末一定會去教堂望彌撒，過著一成不變的每一天，平常戴著破掉還用膠帶貼著的眼鏡，穿著長及腳踝的軍用大衣拖著腳走路，幾乎不和人說話，偶爾寒喧天氣時，也不看別人的眼睛，就是這麼孤僻的人。在你身邊，是不是也有一、兩位左右像這樣個性的人呢？

他是在一九七三年，八十一歲時去世。

公寓房東勒納夫婦——涅森（Nathan Lerner）和太太清子（Kiyoko Lerner）（譯註：清子為日裔，後來繼承達戈著作權人之一）踏進他的房間，看到的竟是垃圾山。報紙、雜誌、和漫畫堆疊到幾乎直達天花板的高度，桌上和床全都淹沒在剪取下來的照片和插畫、破爛的鞋子、廉價的宗教飾品等廢棄物堆裡。

涅森打起精神後開始整理房間，不久後就從旅行袋中發現了驚人的東西。裡面放著手寫的標題《不真實的國度》（*In the Realms of the Unreal*），內文用打字機繕打整理，全部合計達一萬五千一百四十五頁之多。

而且附在這個長篇小說之後有三本畫冊，裡面連載有多達數百張的繪畫，其中甚至包含有長度長達三公尺以上的大作。

正如同手寫的標題《不真實的國度》，故事是以真實世界裡所不存在的世界為舞臺的奇幻小說。主角是七位年幼的姐妹，名字叫做薇薇安的女孩們（Vivian Girls），可愛又天真純潔，卻具有驚人的勇氣和軍事謀略的才能。

她們所活躍的舞臺世界，是以兒童奴隸制度為主而展開戰爭，一般認為可能是由美國南北戰爭為主題所得到的故事靈感，擁有兒童奴隸的是叫做古蘭德利安（Glandelinians）的邪惡男人們組成的陣營，與薇薇安女孩們的父親及叔父們所率領的基督教各國軍團之間，持續展開很長的戰爭。

「維沃雷特和妹妹們尖叫著將馬推倒後，盡全力跑向捷米尼隊。古蘭德利安們立即追趕上來，由於追上來的速度實在太快，維沃雷特說：『看來我們只好給他們瞧瞧我們也會用槍囉』，於是女孩們迅速拔槍，讓驚惶失措的追兵如沐槍林彈雨，不到幾分鐘時間，就有十個古蘭德利安倒地不起。第一次看見這些小女孩的古蘭德利安們，看到這場景心裡感到震驚，而且外表看起來可愛又膽小的七個小女孩，竟然向自己這一方展開這麼猛烈的攻擊，而且竟然難以想像地技巧高超，被女孩們鎖定的古蘭德利安們一個不留地，全部當場死亡。」（《亨利．達戈：不真實的國度》，約翰．麥奎格（John McGregor）著，小出由紀子譯，作品社出版）

達戈所描寫的絕不是天真純潔的奇幻故事，而是以獨樹一格的特殊文字表達力，不斷地持續描寫悲慘的一幕又一幕。那些悲慘的描述與可愛插圖的組合構築出一個不可思議且絕對沒有人可以模仿的世界，所以才可以說那簡直就是藝術本身。

「這個叫做傑尼特力通道的路很恐怖，空中迴響著恐怖和憤怒、眼淚和狂亂、以及悲慟的哭聲，古蘭德利安們的自暴自棄演變成虐殺。母親們流下眼淚，看到小孩子們一個個死去，也接近瘋狂邊緣。市區裡的監獄裡塞滿的小女孩，簡直隨時會爆裂一般。猛烈抓狂的古蘭德利安們走向瘋狂、殺人、恐怖。」（摘自《亨利．達戈：不真實的國度》）

亨利．達戈孤獨的人生

達戈恐怕終其一生，都沒有跟女性交往過吧？他將對於自己一生絕不可能接觸到女性的遺憾，轉變成為對女童的性幻想，但那並沒有帶來犯罪等行動，而是昇華成為小孩長大的故事。插畫中的薇薇安女孩們總是天真純潔而美麗可愛的模樣，年幼的女童們擁有男童性器（由於達戈對女性知識的貧乏），但完全沒有描寫到性行為，取而代之地反覆描述殘酷地虐待拷問小孩子們，倒像是發揮性行為的補償作用。

達戈於一八九二年出生在芝加哥，三歲時母親就過世，被收養在孤兒院，由於他有許多異常行為，即使沒有精神問題，仍被送到收容智能障礙者的機構。

十七歲時，他脫離收容機構回到芝加哥，之後的五十年，一直都是到處當醫院清潔工及洗碗工等維生。七十歲之後無法繼續從事體力勞動工作而辭職，此後到八十一歲去世為止，都靠年金過活。

他寫《不真實的國度》這本書，百分之百是為他自己寫的，他大概從來不曾想過要拿給別人看，或是想找人出版。那是在封閉的繭殼裡，孤獨地一個人完成的創作。

而且，他從未受過正規的美術教育，也不懂美術史，對於當時藝術趨勢之類的知識也完全不感興趣，他在與近代藝術的主要風潮完全不相干的地方，就像一個人漂流到太平洋一角的無人島上生活一般，獨自持續地創作作品。

如果達戈死後，公寓的房東沒有將目光停留在作品上，或者房東覺得「真是噁心瘋子的幻想！」而毫不在乎地一把火燒掉的話，達戈的作品肯定將永遠不會被我們看見，就直接從世上消失了。

還好，很幸運地，房東涅森是有名的攝影師，是芝加哥包浩斯（Bauhaus）成員，並任教於伊利諾理工大學這樣的一號人物。

涅森從旅行袋中發現達戈的遺物，並從中看出「藝術性」，這才讓達戈幻想的產物得以獲得作為藝術品而公諸於世的結局，也就是說對於達戈《不真實的國度》這個內容，涅森賦予脈絡、創造情境。

在這裡，脈絡、情境與內容的關係幾乎具有相同強度而並存，如果沒有涅森與清子這對夫婦，達戈的作品就不會成為藝術品，當然如果沒有達戈的作品，也就沒有這對房東夫婦發現的事情存在了，很明顯地，這就是彼此互補才顯得完整的關係。

策展人找出素人藝術

像達戈這種孤絕之人，或是具有罪犯、精神病患背景等素人藝術家，往往無論是創作者本身或是週遭人，雙方都沒有具備「那就是藝術」的意識。比方說，在精神病院中長期住院的病患會畫畫，但一般畢竟只會從那是藝術治療或病人教育的出發點，來看待畫圖這件事。所畫的作品頂多掛在創作者的房間裡，不然，就是被護士丟進垃圾桶裡。

比方說，日本素人藝術圈中有一位智能障礙者，名叫八島孝一（Koichi YASHIMA），他從住家走去社福機構的一路上，沿路從頭到尾他幾乎是每天撿來各種資源回收物，然後將它們以膠帶黏合，製造塑形作品。舉凡零食包裝紙、空的容器、機械零件、原子筆、牙刷、鈕扣、珠珠、集點卡都包含在內，在對藝術沒興趣的人看來，只是將資源回收物蒐集在一起的垃圾堆。

可是，在八島固定去的社福機構中，有一位藝術大學畢業的職員森幹夫（Mikio MORI），他對八島的作品很有興趣，將它們妥善留存起來，並將作品照相再逐一仔

（Bill Traylor）、馬丁・拉米雷斯（Martin Ramirez）等其他美國素人藝術家的作品，逐漸愈來愈深入這個領域。小出後來描述：

「為什麼我會被這些奇妙的畫作所吸引呢？我踏入社會是在一九八〇年代泡沫化經濟時期，那是個藝術充滿銅臭味的時代。各地隨隨便便就成立美術館，優渥的個人和企業大肆採買名畫，商業美術與獨創性一樣受到讚賞，可能我是對於那樣的時代在東京渡過生活的反彈吧？他們不求評價或回饋，只是埋頭在繪畫中的態度和過人的觀察力，是給那些宿醉於泡沫經濟時代的人，如同具有醒酒作用般的清冽一擊。」——（摘錄自《原生藝術　熱情與行動》，小出由紀子編著，求龍堂出版）。

如同我第二章所說明的，原生藝術家是與戰後社會的大眾符號消費，兩者站在相對的立場。不透過大眾的符號，而將人類有意識與無意識的部分淋漓盡致地呈現，讓藝術家與觀賞者之間可共享的世界。

若以這個角度來看，現在正值泡沫化經濟瓦解，而大眾符號消費式微，現在正處於藉由「串連」的新消費社會就要到來的前一夜。在一九九〇年代的大眾消費時代末期慾望興盛之中，產生大量的百萬銷售額，隨著泡沫化經濟起舞的內容業界，現在仍停留在那個符號消費的夢中無法醒來，而在淺眠中慢慢走入死亡。目前，我們正處在這樣的一個時代。

一九九〇年代的當時正值泡沫化的時代中，小出對於新世界即將來臨的預感，也許就是得自素人藝術家。

就這樣，成為日本首度出展的素人藝術展威廉・霍金斯（William Hawkins）與比爾・崔勒的展覽會，於一九九一年到一九九二年在東京銀座藝術空間（The Ginza Artspace），也就是後來的資生堂藝廊（Shiseido Gallery）展出。加上翌年一九九三年從洛杉磯巡迴到世田谷美術館展出的大規模「平行視覺」（Parallel Visions）展等，小出氏都參與其中。

她以「與毫無防備的他人面對面的畏懼、驚嚇及感動」來說明素人藝術，而創造出原生藝術這個詞的杜布菲則是這麼說的：「比起實力派歌手的歌聲，女孩獨自邊擦樓梯邊吟唱的歌聲，更能深入我心，每個人的喜好不同，我喜歡稀有的東西。相同地，我喜歡剛萌芽的狀態、粗糙感，以及未完成和雜陳的感覺，我喜歡還沒切磨出鑽石的原石，包含其中的雜質，我也喜歡。」

但是，「原石」絕對不是純潔的，如同薇薇安女孩們的可愛少女圖畫的背後，隱約可見達戈粗鄙的性幻想一般，畫中也總是流露狂亂的慾望、幻想、忌妒和扭曲的思想。正因為是「毫無防備的他人」，讓我們對其既抱有同感，又相反地也有厭惡的感覺吧。

是的，這就如同我們在網路上與他人的思想面對面一樣，既有共鳴，也會有毫無緣由的批判或憎惡和幻想，還有基於這些感覺而遭遇粗暴的行為等，令人感覺到毛骨悚然的厭惡感。

無論哪一種，都絕對不是純潔的。

在日本素人藝術家說起來通常被認為屬於「智能障礙者的作品」，所以一般不喜歡用「素人」（outsider，外人）這個稱呼，而使用「可能的藝術」（enable art）等名稱，意義上具有較強的「弱者所畫純潔的畫」。

但是，回到素人藝術原本立足的位置來思考的話，那絕對不是純潔的。

兒童的畫，並不會動搖我們的存在

以「藝術即爆發」這句見解而聞名的畫家岡本太郎在《新版　今日的藝術》（暫譯，原書名『新版　今日の芸術』，光文社）的書中舉兒童的畫為例，否定純潔的藝術這種想法。

「兒童的畫，的確令人輕鬆愉快，而且有生動活潑的自由感。那是很大的魅力，而且有時候甚至覺得天真無邪到令人佩服。但是，請仔細想一想，當中的魅力不會動搖我們全部的生活以及全部的存在。——為什麼呢？

因為兒童的自由不是那種經過奮戰、痛苦、傷心之後才獲得的自由，當然是沒有自覺的，而且是被容許的自由，是只在被容許的期間才有的自由。沒有力量，即使很好玩，很有趣，卻沒有內涵。」

岡本太郎在書中也將那種壓迫人心，以咄咄逼人的氣勢壓倒觀賞者的藝術，形容為「令人厭惡」的東西，不悅和討厭的情緒也會一起湧現。

痛苦、傷心、煩惱以及自身的幻想或犯罪衝動和內心陰暗面也都呈現出來，才會引發光明面。將我們內心深處的雜訊拉出來，並且直接面對也許是非常危險的行為。

在一九三〇年代，想徹底控制國民的納粹德國，就想要清掉素人藝術，他們將前衛的表現主義作品定為「頹廢藝術」，否定墮落。這個時期的納粹將前衛派藝術作品和精神障礙者的作品一起陳列，在慕尼黑展開稱為「頹廢藝術展」的展覽會，煽動道：「你們看，前衛藝術這種東西，和有精神障礙的人所畫的作品一樣。這種東西，根本就是頹廢」。

無論是清楚展現的潛意識、噪音雜訊，還是毫無遮掩的慾望，素人藝術對於權力構成威脅，看起來也都很危險，所以，德國納粹想要徹底清掉素人藝術。

對照現在，對於透過網路這個媒體將我們的想法真實地呈現出來的現象，老媒體人譏諷嘲笑，批評這些都是「廁所的塗鴉」、「全是雜訊噪音」、「都是毀謗中傷」的心情，應該可以說與納粹有異曲同工之妙吧？他們很害怕自己的控制將不再有效，人們赤裸裸的坦白、無遮掩的真實會將世界顛覆，甚至怕到不能自己。

內容與策展分離的世界

素人藝術是一個只充滿活生生、赤裸裸地表達衝動慾望的世界，而觀賞者的慾求則是想要直接保持活生生地接受那份赤裸裸地表達。也可以說，正是因為如此，素人藝術領域才得以成立。

那麼，存在於這兩者中間的策展人，究竟做了什麼樣的事情呢？如何將活生生的衝動赤裸裸地直接傳達呢？

在我採訪小出由紀子女士時，她說：「在素人藝術中，表達和策展是分開的」。在主流藝術中，創作者也是表達者的同時，需要顧及「自己的作品在現代要如何被接受？在哪裡會有市場？該如何促銷？」等牽涉到市場商機的品味。換句話說，身為創作者，同時也必須是策展人、編輯、企畫製作人和經紀人。在日本為例，當代的藝術家之中，能將這些趨勢推展到極致，而且跑在最前端的，應該就是現代藝術家村上隆吧？村上隆為了將自己的作品賣到全球市場上，一路徹底進行市場分析、計算並訂立縝密的策略。他在《藝術創業論》（繁體中文版由商周出版）一書中曾寫過如下內容：

「光藝術作品本身是沒有辦法自立的。沒有觀賞者就無法成立，當然，作品銷售也是要有顧客才會成立。不管在什麼樣的領域，這都是理所當然的銷售鐵則，到了藝術的世界卻想要『無視』它的存在，哪有這麼容易的事情。

在歐美，大家對於藝術不會追求像日本那種『顏色很漂亮』之類曖昧的感動。對藝術最基本的態度是享受其中知性的『設計』或『遊戲』。在歐美製作藝術作品有一個不成文的定律，那就是『透過作品，創造出世界藝術史上的脈絡』。我的作品被訂下高價，證明了我長久以來在美術史上所建立的脈絡已經滲透歐美了。」（譯註：本段譯文引用自《藝術創業論》，江明玉譯，商周出版）。

也就是說，村上隆自己對自身作品賦予脈絡、創造情境，而該脈絡、情境所設定的策略就是要能夠連接上美國和歐洲的藝術圈。換句話說，他身為天才藝術家的同時，也是極為優秀（對於自己的作品）的策展人。

就這樣村上氏一面採用萌系表現手法，卻也同時汲取日本畫的傳統，可是其中還特別下功夫刻意地不誇示技巧，並且藉此克服萬難成功達成救贖時下年輕人的精神狀態這個不凡的使命。這正是他「超級扁平藝術」（Superflat）的概念。然後，正是這份古意加新意，加上萌系的次文化與日本畫傳統異種交配的脈絡與情境，才會在歐美藝術界成功獲得壓倒性的支持。

但是素人藝術家們完全不具備這種策略性思維，他們對於自己以外的事物完全不感興趣，只是單純地為了自己而創作的人。正因為如此，策展人的存在就變得有其必要性了，策展人為素人藝術賦予脈絡、情境，將他們放入現代藝術界的層次當中。

也就是說在藝術這個大型平台上，屬於表達和策展分離，並各自模組化成為組件而存在的構圖。

持續畫愛犬「茶太郎」的女畫家

小出說：

「素人藝術家本身完全不負擔任何附加的部分，只會特別強化原始的表達行為。

就因為這樣的處理方式，讓我感覺到身為策展人的吸引力。

「專業的藝術家，無論有意識或無意識地，在以作品進行表達的階段就已經將藝術圈的潮流或時代背景加入考慮。因為不論作者的評價是如何精闢，畢竟都是與至今的美術史上的脈絡對照之下所產生的結果，可是素人藝術家對那些脈絡完全漠不關心。所以就需要像我這樣身為第三者的策展人，去將它與美術史『掛勾』或連結。」

策展人的工作，就是為單純無意識地只為表達真實而畫的素人藝術品，找出該與美術史的哪裡串連，思考如何找出接點。也就是說找出脈絡與創造情境，並深深地打入該脈絡、情境這根「樁」，製作出時代精神與表達之間深切的關聯。

這其中展現的就是素人藝術策展人的實力。

比方說，小出擔任策展人的素人藝術家之中，有一位名為田中悠紀（Yuki TANAKA），她住的啟智中心川口太陽之家，有一隻叫做「茶太郎」（Chataro）的狗，田中每天都持續畫著茶太郎。她所描繪的構成簡單到極端的程度，茶太郎可以分解成有橢圓形的臉和四角形條紋花樣的身體，加上小圓形的手腳和耳朵，她總是畫明亮色調的橢圓形和四角形和小圓形，將這些無數的扁平形狀畫滿整張紙。橢圓形的臉上畫入眼睛鼻子和嘴巴，大部分是充滿幸福的表情，可是其中也有稍帶悲傷的臉，或看起來在生氣的表情都混在一起，全都是些看著看著就令人感覺愉悅的圖畫。

充滿感情地畫愛犬這個貼近身邊的主題，她的這種態度是所謂「愛的勞工」（Labor of love），意思就是為愛而工作，這是站在表達行為的原點。另一方面，她徹底平面且稚氣樸拙的畫風，以及一定要將畫面全部填滿的強迫觀念等，完美地與現代藝術同步。

從畫風來看，讓人感覺與村上隆的超級扁平的技法接近。小出於二〇一〇年秋季，將包含田中等五人的作品集結，在紐約開辦標題為「對位法」（COUNTERPOINT）的特展。

小出說：

「我希望藉我的手，在未來藝術的定義中，能將不被認知為藝術或被忽視的這些作品能與美術史的最前端連結。而且我想對於所謂『藝術是什麼』這個問題投入震撼彈，我有成為這樣一個策展人的野心，我想這也正是我繼續這個工作的原動力。」

靠內容取勝的時代已死——內容為王？別開玩笑了！

像這樣素人（outsider）和域內人（insider）的分界，以及設定這個分界的策展方向性，這些概念也可以適用在包圍我們的資訊汪洋中。

從資訊雜亂的汪洋中，藉由賦予特定的脈絡、情境而產生新資訊的存在，就是策展人。

某位美國部落客曾寫道：「靠內容取勝的時代已死，現在，策展才是王道」。

比起資訊本身，能賦予該資訊所具有的意義、該資訊所擁有的可能性、該資訊所包含「只對你個人而言的價值」等這些脈絡、情境的存在，重要性與日俱增。隨著資訊爆炸，數量龐大的資訊已經將我們團團包圍，在這樣令人應接不暇的情況下，從中將所需資訊過濾出來的策展，其價值已經升高到與資訊本身大致同等重要的程度了。

現在還出現一個詞叫做策展新聞（curation journalism），雖然即使進入網路時代，實際採訪並寫下第一手報導，其資訊的價值仍然存在，但策展新聞一詞的出現，代表策展記者的重要性，已經提高到與這些採訪一手資訊的記者們大致相同的程度。也就是說，策展記者們的價值在於將已經存在的龐大資訊加以區分，並將這些資訊所擁有的意義萃取出來讓讀者可以更容易理解。

這讓「資訊」本身的價值一百八十度大翻身，是劃時代的典範轉移（paradigm shift）。

策展的時代，正在我們眼前即將開展。

分界產生「搖擺不定」

回到稍早的話題。

素人藝術的定義隨著時代或國家的不同而改變，原本法國杜布菲提倡原生藝術的背景在於超現實主義者追求的是人類精神上不合理的無意識，換句話說，原生藝術被視為屬於在「理性之外」的範圍中。

這個想法傳到美國，在換成「素人藝術」的稱呼並廣泛流傳之間，定義也有所變化。在素人藝術一詞當中帶有對抗那個時代當權者（Establishment，精英）的原生性和邊緣性之類的意涵在內，例如一九三〇年代對抗歐洲的美國、一九七〇年代與成為全球藝術中心——紐約對抗的中西部或西部、南部之類，或者相對於主導藝術界的歐洲人，像是非裔美國人（黑人）或西語裔美國人（Hispanic Americans）等。

一九七二年，英國研究超現實主義的羅杰・卡地納（Roger Cardinal）首次使用「素人藝術」這個詞。

當時，他提到卡繆（Albert Camus）的著名小說《異鄉人》。《異鄉人》法文標題是《陌生人》（*L'Étranger*），而英譯版的標題則是《外人》（*The Outsider*）。

《異鄉人》在以前存在主義盛行時，是風靡一時的小說，一位過著極為平凡生活的男人「因為太陽太刺眼」這種莫名奇妙的理由而殺了人的故事，故事開頭以「今天，媽媽死了」這種聳動開場也很有名。

這本小說的概念主要是要表達就算很平凡的人，一旦與社會或他人之間發生一點不合，無論何時馬上就會變成外人，描述的就是社會上總是存在著這種「搖擺分歧」的可能性。

換句話說，素人藝術也是建立在這種「搖擺分歧」的狀態之上。

在藝術的世界，到了二十世紀藝術理論進展到最後，原本屬於「域內」的部分漸漸脫軌，而慢慢侵入到曾經是素人的範圍內。藝術的展現正朝向樸素的東西、原生性的東西以及無意識的東西逐步擴大當中，其中還出現脫離素人藝術，而被評價為屬於主流，在美術史中占有一席之地的情況，例如在瑞士伯恩美術館（Museum of Fine Arts Bern）中，之前曾介紹過的罪犯阿道夫·沃勒浮利作品，與瑞士裔德國籍畫家保羅·克利（Paul Klee）的代表作收藏在一起。孤獨老人亨利·達戈的畫也收藏於紐約近代美術館（MOMA，Museum of Modern Art）。而且，現代的藝術家們不再拘泥於素人（業餘、域外）或專業（域內）的分界，而從素人藝術家的作品獲得創作靈感。

所以說，曾經是藝術主流的域內者，和素人之間的分界現在變得模糊，數十年後，也許這個分界將完全融解，可能就連「素人藝術」這個名詞都會消失。

語意界線、意義疆界

剛才描述過所謂策展就是讓素人藝術家連接上美術史的某個地方的行為。將以往應該不被視為藝術的作品當作域內藝術進行策展，所以換個角度來說，也可以說是重新設定素人和域內人的分界線，將定義改為「這也算域內喔」的動作。

有一個詞是「語意界線」（semantic border，或譯為「意義疆界」）。

我從《生命新觀點：所謂活著的狀態究竟是什麼？》（暫譯，原書名『生命捉えなおす　生きている状態とは何か』，中公新書）一書中得知這個詞，這本書是東京大學名譽教授清水博教授的大作，清水教授以生命關係學（Bioholonics）而聞名。

世界的複雜度永無止境，想要將無限的複雜全都放入自己的世界，是一件不可能的事情。要我們與訊息雜亂的汪洋直接面對面，終究是不可能的任務。所以，動物和人類會設置各種資訊的高牆，並且在高牆內，維持只屬於自己的規則。

換句話說，從外面的雜訊汪洋中，只撈取符合自己規則的資訊，並保持掌控的狀態。雖然雜訊汪洋中存在著無限的規則，但是，只從中篩選適合自己的規則。整體而言，就是這麼一回事。

清水教授所說的「語意界線」，是指「自己世界中『意義的區隔線』」。一個人要在社會中生存下去，就必須從社會中取得資訊，但是如果將社會上所有的資訊都照單全收的話，我們將會淹沒在雜亂的資訊汪洋中，反而因此無法看穿社會上產生什麼樣的變化。正因為如此，在這裡才必須要製作「語意界線」，做為「意義的區隔線」，這也就是「資訊的過濾系統」。

「比方說，如果要知道人們服裝變化的趨勢，就會需要去找出大多數要素資訊之間的關係。另外，如果要預測人們對車子風格的喜好是如何變化的，就需要整理資料的方法。無論哪一家企業，都不可能做出所有風格的衣服或車子，所以，此時就需要根據該企業價值觀進行資訊的整理，而且消費者也會逐漸傾向追求出自個性的深層品味。雖然只簡單地以企業哲學或企業文化稱呼，這也是用於從資訊當中限定出該企業想要（具有意義）發現或製作的資訊的條件。這正相當於企業的語意界線。」（摘自《生命新觀點：所謂活著的狀態究竟是什麼？》）

就如同這裡說明的「根據該企業價值觀整理資訊」，語意界線就是脈絡、情境的泉源。

那麼，如果循著本書中我之前所說的「觀點」——打卡，以及提供該觀點的無數個策展人這一路的內容來說的話，在社群媒體的世界中，語意界線正由策展人不斷地進行更替。就是製作了一個小型的社群圈，在其中產生某些規則，而循著該脈絡、情境，藉由語意界線自外部將資訊拿來放入社群圈中。

所謂「策展」，是從雜訊當中擷取出資訊，並且為這些資訊賦予脈絡、情境，意思就像「雖然以往被視為素人（業餘人士、域外者）的資訊，只要給予這個意義就會變成專業人士（域內者）」，藉由重新設定語意界線，就賦予其價值。

界線經常在更替

重要的是，要讓這個語意界線正常運作，要滿足二個要件。

第一個要件是，語意界線不是藉由內部的邏輯產生，而應該由外部的某人製作。

第二個要件是，語意界線經常要持續更替。不可以變得僵化。

比方說，幾何學中要提出某項引證時，用以推導出命題的前提即公式和由該公式所導出的「定理」就是這樣。所謂「定理」，相當於域內法則，無論對定理做多少分析，都無法從中導出公理。因為，「公理」是定理的前提，而且，公理是在定理的域外世界就事先就制定好的。

所以，清水以「界線來自世界的外部」說明第一要件，並有以下評論：「如果忘了這一點，將會淪為只藉由內部邏輯進行自閉且獨善其身的做法」。

第二要件，語意界線要經常更替。原因在於語意界線一旦僵化的話，如果域外（素人）世界出現新資訊或產生新法則，以舊的界線可能會有忽略那些資訊的危險，也就是有變成自我完整而故步自封的疑慮。

遵守這些要件才能防止故步自封，是用以讓自己保持清新且多樣化狀態的條件。

清水表示，像這樣將語意界線持續總是保持新鮮下去，於是內部會建構形成「調和環」（holonic loop）。

所謂調和環是什麼呢？

那是根據回饋（feedback）和前饋（feedforward）這二個循環而成立的。

「回饋」就像空調的溫度設定一般，是將所設定的數值與目前溫度進行比較，並且不斷調整，直到兩者之間的溫差為零所進行的作業。「前饋」可能一般比較少聽到，指的是預測未來的情形，並且按照該預測改變自己目前的狀態所進行的作業。比方說，面臨大考的考生先選擇未來想進入的學校，為了達成該目的而提高自身學習程度。

清水教授整合回饋和前饋，並稱之為「調和環」，並將持續不斷的調和環與語意界線的更新，視為在這個世界生存下去的條件。

「為了要在藉由自己的內部邏輯（語意）無法規定的新狀況源源不絕出現的self-complete（作者註：自我完整性）環境中活下去，就必須一邊不斷發現或創造新法則，一邊持續進行前饋控制。因此朝向完整目標前進的自己，其界線需要不斷保持不確定，讓自己內部持續形成不完整的狀態，自己狀態的不穩定，結合不斷創造新界線的活動，才首度可以達成邁向創造的條件。」（摘自《生命新觀點：所謂活著的狀態究竟是什麼？》）

正是「搖擺分歧」讓我們的資訊隨時更新

前述的語意界線與調和環的結構，與本書中一路描述至今的資訊新潮流，完美地相互呼應。

也就是說，內容與脈絡、情境，以及產生出脈絡、情境的策展人觀點，和打卡進入該觀點的人們，這成為整體的結構。

藉由身為第三者的策展人賦予脈絡、情境，觀點會經常受到修正，隨著社群媒體的普及，策展人的人數增加愈多，觀點將無限擴展開來。這不是別的，正是語意界線的更替，而且該語意界線的不穩定產生「搖擺分歧」，而這個「搖擺分歧」正是偶然力（serendipity）的泉源。

在由大眾媒體所促成包裝消費的時代，設定的語意界線在於「只要讀取大眾媒體所提供的資訊就好」，但是，這個界線經過二次大戰之後六十五年（編按：本書日文版寫於二〇一〇年、出版於二〇一一年），已經完全地僵化了。因為清水所擔心的「只藉由內部邏輯進行自閉且獨善其身的做法」，已經發生於大眾媒體的組織當中。

在目前的大眾媒體中，恐怕與「偶然力」都已經絕緣。

不過，進入二〇〇〇年之後，大眾媒體傳播的資訊與個人發出的資訊之間的界線變得模糊，強調「自我完整性」的大眾媒體言論明顯劣質化，甚至，已經發生多起大眾媒體根本無法招架達人部落客言論的案例。

行文到此，來整理一下吧。

所謂素人藝術的表達，是經過策展人過濾，並在其中賦予新的脈絡、情境，藉由這個新的脈絡，域內（主流、專業）與域外（非主流、素人）分隔的語意界線逐漸擴展，不時有新血注入域內之中，這正是讓藝術活化下去的原因。

同樣地，我們的世界從雜亂浩瀚的資訊汪洋中，透過無數個策展人過濾出適合各個小社群的資訊，並將這些資訊賦予脈絡、情境，而且，由於提出這些脈絡、情境的策展人各有自己的想法，「究竟什麼是有用的資訊？」這個語意界線也跟著搖擺分歧，不過，也正因為這個「搖擺分歧」，成為偶然力的泉源。

社群媒體中的策展是由無數個策展人與無數個脈絡、情境經常進行重組而成，正因為如此，語意界線總是可確保新鮮；這一點，與藝術策展人有所不同。

所謂策展人的定義，在於匯集資訊、挑選資訊，並且賦予資訊新的意義，然後再分享。

資訊在被策展人匯集之前，單純只是浩瀚雜訊汪洋中漂流的資訊片段而已，經過策展人擷取起來並賦予新的意義之後，被賦予不同的價值，而開始閃閃發光。

在社群媒體中存在著無數的策展人，而且我們正生存在這個策展人的層層構造之中。

推特中有在各種領域具有影響力的用戶，將資訊流傳給各自的跟隨者，Mixi和臉書（Facebook）中愈來愈多各種群落林立。在部落格方面對於各個部落格的領域分別有一群固定的讀者，然後在Tabelog（譯註：日本知名美食部落格，日文「吃」的發音為Tabelu，部落格的名稱取其諧音）或COOKPAD（譯註：日本最大烹飪食譜網站）、4Travel（譯註：日本最大旅遊網站）等各種領域的評價網站中，這些超凡評論家們朝多方面發送出原創的評價資訊。在這樣複雜如山脈般的社群網站中，彷彿像是在崇山峻嶺、高山低谷之間，或在形形色色的台地上，各有各的「棲地」（Biotope，這裡指的是社群）。而這些社群中存在數量龐大的策展人，分別向棲息在其中的人們每天持續地傳播資訊。

因此，無數的策展人和跟隨者，每日接連地反覆著進行資訊的交換。

「故步自封」批判的錯誤認知

對於這種新資訊圈的興起，也有人批評「社群媒體就是感情要好的人彼此串連，形成故步自封狀態」，但是，那只限於在保持三百六十度全方位的關係時才會符合，也就是時時刻刻幾乎都彼此依附的人際關係。比方說，第二次大戰之後，社會上的人際關係正是如此——當時，職員一律住在公司宿舍，因此，即使下班之後，還是與同事或上司喝酒，這種的人際關係就是「吃大鍋飯」的三百六十度全方位依附關係。

如果說到人們的生活，幾乎可以說大家被羈絆在「同心圓」的共同體內，住在由公司準備的公司宿舍，每年參加員工旅遊，到了週日則參加應酬打高爾夫或攜帶家眷的聯誼活動。甚至嚴格來說，公司本身也吞沒在稱為「業界秩序」這個業界的周邊組織之中，一旦有破壞業界慣例的行為都會被嚴厲譴責。家人、公司、業界……然後在這一系列最高位置的就是國家，以國家秩序為頂點的金字塔結構，包覆到日本社會的每個大大小小的角落。

這是以經濟成長為背景，「只要努力，總有一天每個人都能變得富有」的夢想在後面當推手，所以當時生活規劃也非常簡單，最普通的男性，在大學或高中畢業後就進入企業，然後在二十五至三十歲左右，和進公司擔任行政事務工作的一般職員、年約二十歲左右的平凡女性結婚。婚後小倆口住在公司宿舍，然後胼手胝足聚沙成塔努力存錢。之後養育二個小孩，到三十五歲左右，在郊外蓋間獨棟房子。車子先買台冠樂拉（Corolla）。四十歲當課長，五十歲升任部長（譯註：相當於經理），車子也從可樂那（Corona）升級成皇冠（Crown）。而且，如果運氣好，在年屆退休之際還可當公司董事，或出任子公司高層主管，做為職涯的終點。

當然，也有不少人厭惡這種一切都固定的人生，而希望出走逃脫，這也如同在第二章介紹的《青春之殺人者》電影中所表達的概念。但是從整體日本人來看，像那樣會逃走的人極為稀少，而且大家對於想要逃脫「同心圓」群落的人很冷淡，但對於選擇留在同心圓裡的人，則給予充分的安全感，像是被柔軟蠶絲層層捲繞的蠶繭般，在舒適圈中無後顧之憂、安居樂業。

這種社會也就是具有「吃大鍋飯」、「就算不說出口也可彼此相互了解」的默契關係。而支持著這份「默契」能受到理解的，通常是由報紙或電視等大眾媒體編織出的共同夢想，大家讀相同的報紙，觀賞相同的電視節目，看一樣的廣告並買相同的商品，藉此全國人民被圈養在唯一一個媒體空間中，而那正成為這種以默契得以相互理解的基礎。

封閉的村落社會，加速資訊的故步自封

所以，如果勉強將社群媒體之類的硬塞入這種全方位串連的「同心圓」社會，只會更加強化「業界群落」、「公司群落」、「營業部群落」這些同心圓的包圍，這樣當然會更往故步自封發展。對於那些將這樣的社會結構視為理所當然的人而言，眼中看到的是「社群媒體就是感情要好的人搞小圈圈。真不像話！」吧。

但是，這些思想老舊的人並不知道現在的社會中，人與人的關係已經變得多層次、多元化，如同崇山峻嶺一般的結構。

原本像公司或業界，那些以職業為中心、將自己如繭一般層層捲繞的群落，在現今的日本已經不存在了。

我們現在不是活在以前那種「同心圓」般的關係中，而是活在更「多心圓」的關係中。現代的關係可能會出現許多關係又會消失，總是短暫（此一時彼一時）地存在。而且，必須經常去確認這種人與人一時之間新鮮的關係，也就是說關係逐漸變成明示關係。

每一個個人都擁有各種身分面向。

例如我從事的工作是ＩＴ領域的自由撰稿記者，在網路世界算是具有某程度的影響力吧？

從二〇〇九年底左右開始，我就預感到策展這個新的可能性，並在推特上親自實驗性地試著展開策展活動。

平日我會在網路上蒐集數量龐大的資訊，並使用「谷歌閱讀器」（Google Reader），這是一種可以選擇自己有興趣的部落格或新聞網站，一旦有更新時，就會自動通知我的功能。我在谷歌閱讀器追蹤的日文與英文網站總數約七百個，從這些網站總計大概每天流入一千到一千五百則左右的新報導。我總是先瀏覽過這些報導的所有標題，從中挑出數十則報導，進而閱讀全文。

再進一步從其中針對我認為「這可能可以做為日後寫作時的參考」、「這則報導很重要」的報導文章納入書籤（bookmark），這純粹是為了我自己而做。就在此時，我想到如果我想與人共享這個書籤，可以附上「為什麼我認為這則報導重要」的評論之後，再到推特上發文，說不定對大家會有點幫助。

針對網路世界在什麼樣的框架中進化，該從哪個重點來觀察網路的進化這一點，我大概擁有異於其他人的獨特觀點。我想如果有人對我的觀點有同感的話，我藉由推特所進行的策展就會受到支持才對。

而且我實際上開始試著執行，結果大獲好評。從當初一萬出頭的跟隨者數，一年多之後增加到將近十萬人。現在我在推特以附加評論的方式介紹十數則報導，結果大概會收到數百個左右的回應。

照本書之前所介紹的來說，我就是網路業界的策展人，可以說具有某程度的影響力吧。

可是我有興趣的不只是網路，同時也喜歡音樂、電影、文學和現代藝術等，在這些領域中我不是特別有影響力的人（influencer），也什麼都不是。要看喜歡的外國文學，我大多會仰賴例如翻譯家柴田元幸（Motoyuki SHIBATA）之類有影響力的人，音樂方面則受各種音樂人部落客的影響，找到很多種類的歌曲來聽。如果想要學習日本政治時，記者田原總一朗會提供給我非常好的觀點。

而且，我獲得這些資訊的地方不限於雜誌或書籍，而是分散於部落格、推特、

ＳＮＳ的臉書、YouTube與形形色色的社群媒體。

或者，我喜歡安靜地享用精心烹調的餐點，偶爾自己也會下廚。不過，我當然不是專業廚師，也沒出版有關烹飪或美食的書。前往餐廳或出外用餐時，我都仰賴美食評論網站Tabelog中，可信度高、發表文章多的超級評論家們的口碑。然後，當我想做菜時，就找出平時覺得「這個人做的菜看起來很好吃」，就先收藏起來備用的食譜部落格，從那些部落格的貼文中找出今天要做的食譜。

我在某個領域中，算是有影響力的人；不過，在某個領域，搖身一變，我成為那些具有影響力人士的跟隨者。

一期一會——經常更替而一生一遇的關係

有影響力的人與跟隨者彼此相遇的地方不是只有單一的，而是推特或社群網站、YouTube與評價網站，就連書籍、雜誌這些舊式媒體也包含在內，形成多層次的結構。

數量龐大的領域包含於我這個所謂一個人的個人範圍內，而且在這些數量龐大的領域中，分別擁有與他人的關係。

這些關係藉由各種媒體而形成多層次化。

現在這樣分別沿垂直方向和水平方向延伸開的「關係的立體化」，現在正在多心圓般的社群媒體中展開。

從大眾媒體支援以「內化的默契、同心圓的形式」，所保持的自我完整性，轉變為社群媒體支援以「外顯的明示、多心圓的形式」，所形成不確定的關係。

因此，現在我們的彼此之間的關係，正產生劇烈的變化。

自我完整型的封閉系統使資訊的流動僵化，而且資訊受內部法則的控制，因此持續僵化。這份僵化可以說正好適合同心圓型的戰後村落社會吧？

但是，全球化的浪潮襲來，素人世界也正不斷改變之時，這種資訊的僵化就變得落伍而不適用了。

另一方面，社群媒體的不確定性資訊流通是從外部流入資訊，語意界線經常更替，內部的法則藉此會一而再再而三地改變，因而資訊經常產生「搖擺分歧」。

一定正是這個「搖擺分歧」，成為讓我們社會健全發展的原動力。現在我們正從不會搖擺分歧且很僵化的同心圓型封閉社會，逐步踏入時常產生「搖擺分歧」的活力充沛的多心圓型開放社會。

語意界線毫無間斷地更替，不會被僵固化，完全不同於藉由大眾媒體形成的封閉系統所流通的僵化資訊具有重複性，我們在社群媒體中的資訊，是在絕對沒有重複出現第二次的「搖擺分歧」狀態下流傳著的。

請試著回想看看。

例如在部落格上寫了一篇貼文，引發熱烈討論時，有人在留言欄中表示贊同，有人發表反對意見並且引用（trackback），這樣一連串的「盛會」總是在即時的時間軸中發生，雖然事後可以回頭將那些討論內容全部統整在一起看，但是在當下瞬間參與討論時那些人們的心情感覺就無法重現了，有時生氣、有時流淚，有時臉紅脖子粗很激動地參與討論。

在所謂「即時網路」（RealTimeWeb）推特中的一來一往，都被快速地進行著更替，有時回應某人的推文，許多人都將它RT（retweet，引用他人的推文），這些RT如同海嘯一般向四面八方傳播開來，引起資訊爆炸。這種如同洪水一般的擴散，幾乎也都是事後無法重現的。

也就是說，在社群媒體中的資訊傳播與串連屬於「一次性」，是一生僅有一次的邂逅。由於一生一遇（編按：日文漢字寫成「一期一會」，一期即一生，一會即一遇），更應活在當下。

在第三章中我介紹過茶道中千利休的「主客一體」這個詞，給顧客的款待不是招待端主人單方的行為，而要營造成為邀請方（主）與受邀請方（客）合作共同成為一體。其中必須主與客之間有共鳴，彼此共同和鳴才能共享款待的場合，而產生出新的藝術。

一生一遇，這個詞所說的意思就包含這個主客一體與表裡合一。

「一生一遇　稍縱即逝　把握當下　全心全意　專心投入　不枉此生」

達到主客一體的場合，因為一生一遇這種一次性的特質讓它更顯光輝，而可以產生出「在這個僅有一次機會的當下，主人與客人一起共鳴」這種非常美的空間。

前往大整合的起點

以前有人說過，網際網路的功能中包含「傳播資訊」與「串連人與人」的雙重性。搜尋引擎是專門鎖定於「資訊」的服務，而各地年輕人不斷地互相傳遞的資訊，通常是沒什麼深度的內容，這種可攜式系統的服務大多屬於「串連」的功能。

世界最大型的ＳＮＳ就是臉書，原本是從大學同學名單起家的，也就是專門鎖定於「串連」的服務。後來逐漸也開始往從事資訊流通的方向發展。推特也一樣，一開始只是「午餐now（現在正在吃午餐）」這種沒什麼內容，彼此交換生活瑣事的「串連」媒體，隨著逐漸普及，現在，大家也會在推特上交換重要的資訊。

像這樣，當初「串連」與「資訊」原本屬於各自不同服務的存在，現在隨著社群媒體的進化慢慢地正在上演大整合。而其背景肯定就是因為消費或資訊傳播的背後，存在著消費社會轉變成包含人與人的連接與認同的社會潮流之背景投射。

這種串連式消費社會的背景投射，正廣泛地全面覆蓋我們的社會，其中，資訊與消費的串連轉變為兩者融為一體的結構。

在這個意義層面下，也許可以稱之為「網際網路的大整合」理論。

而我們現在所站的位置，正是在這個大整合開始的起點上。

第五章

我們正串連上全球化世界

開放翻譯計畫TED。二十一世紀的內容超越國界。

二〇一〇年在日本上映伊朗電影《海灘的那一天》（*Darbareye Elly*）。

提到伊朗電影，一般會想到像是《何處是我朋友的家》（*Where is the Friend's Home*）、《天堂的孩子》（*Children of Heaven*）之類的作品，描述貧困階層的小孩子們令人感動地全力以赴，但這部電影卻是以伊朗中產階級的人們為主角。電影中的女性的確頭上裹著頭巾，身上穿著黑色衣服，但除此之外，手提路易威登（LV）的名牌包，坐車是標緻（Peugeot）或日產冒險王（SAFARI），與「描述貧困的伊朗電影」顯然有所區隔。

電影從中產階級的三個家庭共乘車輛前往渡假開始切入，途中經過河邊觀光區時，可以看到形形色色的帳篷，大家都高興地在露營，在裏海沿岸並排著多棟漂亮的別墅，感覺幾乎與日本沒什麼不同。

與這三個家庭一起出遊的幼稚園老師艾莉中途失蹤，留下人們的憤怒、困惑……，故事就這麼展開，為了還沒看過電影的人，之後的故事情節容我保留，以免洩露劇情。

這部電影我是和內人一起在電影院看的，在回家的計程車上，我們兩人熱烈地談著「我很能了解那個老公的心情。」「真的有像那個老婆那樣子的人啊！」之類的對話。伊朗對於日本人而言，應該屬於民族性不同的國家，現在這部伊朗電影故事中人物心情動向卻都極其自然地，彷彿切身經歷一般，淺顯易懂。

作家沢木耕太郎（Kotaro SAWAKI）在報紙《朝日新聞》連載專欄〈來自銀色小鎮〉中，曾對這部電影寫下過如下看法：

「這部《海灘的那一天》是以伊朗裏海的沿岸做為舞臺，但是，這也可以發生在美國五大湖的某處，舞臺背景也可以是法國的諾曼第都無所謂。也就是說，這個作品不需要以『伊朗電影』這個前提去看它，可以視為單純作為一部電影去欣賞的存在。

「對我而言，我認為這是應該驚訝的發現，一直以來，我們，不，至少是我總是將伊朗電影視為伊朗電影去看它，可是，在這個作品，我終於可以覺得接觸到沒有『伊朗』標籤的『普通』電影了。」

我們生活在多樣化的文化圈中。當然，只要日本人這個大和民族沒有消失，日本人的性質與日本人的文化就絕對不會不見。我們對於身為具有這種特殊的民族性而自豪，今後我們的文化也會繼續形成下去吧？

然而，另一方面，網際網路技術的普及，在另一個層面引起新的變化。藉由YouTube或iTunes等讓影片或音樂自由流通，達成可以全世界共享那些內容，結果內容已經走上氛圍化。

文化氛圍化而跨越國界

網路或YouTube及iTunes或Ustream這類所有的社群媒體都跨越國界進行連接，就表示其中所產生的文化共享空間，也超越國界滲透入全球各地。

日文的語文阻隔當然是存在的，所以像書籍之類以文章為主的內容，恐怕就難以達到可跨越國界的氛圍化吧，不過，現在也漸漸地已經準備好幾個替代道路。

例如ＴＥＤ（technology, entertainment, design）是一個團體，邀請很棒的演講者進行了許多演講，並將演講內容免費傳送上網，並以開放翻譯計畫的名義招募義工翻譯成各國語言的字幕，光是日文就已經有近四百個影片附有字幕，讓英文不太好的日本人也能享受ＴＥＤ的內容。

另外以日文出版的內容中，漫畫因為文字數量少，所以翻譯起來比其他書籍花費時間較少，屬於比較容易出口到國外的內容，現在，電子書時代來臨，漫畫被視為重要商機而持續備受矚目，語言的阻隔雖然是一大難關，但並非是牢不可破的高牆。

這個世界就是內容經過氛圍化，而跨越國界滲透入各地。

但是，在其另一面，簡直與這種氛圍化的動向互相矛盾地，一般認為普遍主義正持續瓦解當中。

所謂普遍主義是什麼呢？

歐洲近代民主主義成立之後，將這個歐洲的公民社會視為具「普遍性」的思維逐漸擴展開來。「人人平等」和「世界大同」這些都是公民社會的口號，民主主義的政治體制，友愛、平等這些理念，這些可以通盤覆蓋全世界的普遍性系統，就是所謂普遍主義。

在文化中，以歐洲的繪畫、雕刻、劇院、古典樂為理想的藝術做為世界文化的標準君臨其他區域，亞洲和非洲各國原本所擁有的民族音樂被貼上「民俗風（ethnic）」的標籤，說起來算是指土著風格的東西，而抱著好奇心去觀察，有貶低歧視的意思。

但是，這個普遍主義說穿了，不過是歐洲的普遍而已，伊斯蘭的普遍或南亞的普遍，不一定會與歐洲的普遍一樣。是的，當然明治時期（譯註：明治元年為西元一八九六年）之後直到最近，以「追上西歐並超越西歐」為目標而努力的日本，也不可能所有事情都與歐洲一模一樣，日本有屬於日本的普遍，而這個普遍和歐洲的普遍已經相去甚遠。

再說，就連同一個國家之內，普遍主義也已經變得無法成立了，例如美國西岸從上世紀末期以來，中南美的西語裔的僑民急速增加，西語圈的擴張來勢洶洶，在這樣的狀態下，究竟什麼才叫普遍呢？

盎格魯薩克遜新教徒的白種人所建立的社會才是普遍嗎？還是說西班牙語的西語裔美國人文化是普遍？現在儼然已經產生出這樣的疑問了。

由鎮壓伊斯蘭看見普遍主義的終結

在法國這幾年來襲捲起一股「布卡（Burqa）論戰」。這個醜陋的爭論，正象徵著歐洲的普遍已經就連在一個國家的範圍之內也瓦解了。

所謂布卡是伊斯蘭女性所穿的罩袍，法國議會於二〇一〇年秋季決議通過這項禁止穿著布卡的法案。雖然表面上的理由，是為了可確認身分等治安上的理由及遏止歧視女性等；然而，另一方面，法國政府諮詢委員會也提出「布卡與法蘭斯共和國的價值觀不相容」的見解。對法國而言，所謂的價值觀就是要說法文，吃法式餐點，身上穿著裝扮要是法國風的時尚，也就是要接受法國的文化，不屬於法式的伊斯蘭文化，法國就不接受。

可是，另一方面，以阿富汗戰爭及伊拉克戰爭等為導火線，在法國境內對於美國及歐洲的對阿拉伯政策抱持強烈懷疑的人日益增多，其中還出現許多已經改信伊斯蘭教（譯註：回教的國際稱法）的法國人。那麼當白種人的法國人改信伊斯蘭教時，他／她還算是法國人嗎？

所謂法國人，是指擁有法國國籍的人們，而沒有「法蘭斯民族」這個民族的存在，不管民族來源或宗教信仰，只要在法國國內出生的人全都可以取得法國國籍。

既然如此，為什麼對於遵守教義而穿著布卡的法國人穆斯林（譯註：伊斯蘭教教徒），法國政府竟然否定他們宗教上的習慣呢？

這實在是很大的矛盾。而這個大矛盾以明確清楚的形式展現在眾人面前，任誰都可以一目瞭然，應該可以說，這個矛盾如實地道出以法國為首包含歐盟各國所抱持的普遍主義已經瓦解。

恐怕現在已經沒有任何人還會認為住在相同國家內，就能共享相同的文化圈和相同的價值觀了。就連日本也一樣。以前日本文化在東京（江戶）形成，透過電視、報紙和雜誌等大眾媒體，將這些文化從都市向地方渲染擴展開來，但是現在，就連日本國內也是都市的文化和地方的文化處於斷開的狀態，並已展開各自完全相異的進展，而且進入二十一世紀之後，社會貧富差距拉大，富有者與貧困者之間的文化斷層日益擴大加深。

在生活圈與文化圈都已逐漸四分五裂的社會，要定位該國家中的「普遍」，真的有可能嗎？普遍這種概念應該已經不存在了吧？總覺得這樣的想法，在現代來說反而比較自然。

共享與斷開，同時發生

像這樣普遍主義瓦解，經分眾化成幾個小圈圈，朝封閉性發展的文化。另一方面，藉由網際網路氛圍化朝開放性發展的文化。這二種「文化」是否屬於完全不同世界的事情呢？一方面要斷開，一方面共享。實在很難認為是在說明同一個世界。

不過事實上，這兩者都是在說明絲毫不差的同一個，就是我們現在生活其中的這個時代的文化。

其原因在於「斷開」與「共享」，只不過是分別在說明不同的層面（layer）罷了。我們的文化是斷開的，而且是共享的。

究竟是怎麼一回事呢？

《紐約時報》專欄作家湯馬斯・佛里曼（Thomas L. Friedman）於二〇〇五年發

表《世界是平的》（*The World is Flat*）一書，書中對於世界經濟藉由全球化而朝平坦化發展的實際狀態，有生動的描述。在該書接近尾聲的地方，介紹一位三十二歲的年輕人叫做王微（Gary Wang），王微是生於福建省的中國人，受過美國及法國教育的經營者，在經營透過網路可發送音樂或談話節目的播客（Podcast）網站，他說：

「我們有（與美國）不同的歌曲，並且我們想表達不同的想法，不過願望是一樣的。」

「我們都想被看到、被聽到，都想能夠創造出自己喜歡的素材，並且想同他人分享它們……世界各地的人們將可以從採用同一種科技的平台裡獲取知識和靈感，平台的技術雖然一樣，不過在這個平台上繁榮的卻是各種不同的文化。土壤是相同的，但生長的樹木卻是不同的。」

作者佛里曼則是寫下如下的一段話：

「在中國，低開銷和低進入門檻，讓製作文化內容的過程變得更便宜，也變得更流行。這就是我為何對『全球化的過程中，邁向平坦的階段並不意味美國化』這麼有信心，本土的文化、藝術形式、風格、食譜、文學、影像和思想將更多地參與全球化，愈來愈多的本土內容將變得具有全球性。」

佛里曼想要表達的內容如下——YouTube或iTunes等用於共享內容的平台朝全球

化進展之下，無論住在美國或是住在中國，甚至就算人在非洲，世界上任何人都可以用成本很低的方式傳播、擁有並且共享內容。因此成本愈來愈低，而且幾乎與各國國情的不同毫無關係。

以往，資訊傳送力較強的國家文化會侵蝕其他國家的文化，像是對全世界具有配送能力的好萊塢電影，以及有能力將CD賣到遍及全世界的美國大型唱片公司（major label），美國以外的國家要擁有足以對抗這些強大力量的資訊傳播手段，在以前是非常困難的。

資訊傳播的權力已失去力量

但是一旦網際網路的媒體普及，成本下降之後，「資訊傳播力」就變得不大有意義了，原本資訊的傳播會被賦予力量，是資訊傳播管道受到局限的大眾媒體時代，因為在那個時代中，資訊的需求量遠大於資訊的供給量。

但是，現在資訊量恐怕已經增加為數百倍到數千倍左右，已經完全供過於求，在這樣的媒體環境當中，資訊傳播所擁有的力量已經相對失色。

當然，好的電影或好的音樂、好書、優質報導本身的價值依然沒有失去，這些優良內容的價值無論現在或以前，絕對都不會喪失其價值，恐怕我們今後還是會一直想要過希望看好看的電影，尋找好的音樂，以及因為閱讀好的小說或報導，而內心深受感動的人生吧？

但是這些好的內容，現在比以前數量增多了許多，以前專業人士所製作數量稀少的內容，只能經由電影公司、出版社、主要唱片公司或報社對外傳播，但現在透過YouTube、部落格、音樂SNS之類的傳播平台，時時刻刻都有數量龐大的優質內容正在誕生。

這正是網際網路這個新平台的力量所在。

這股力量讓大型電影公司、大型報社、大型唱片公司及大型出版社的力量衰減，在這個過程當中，可能也會產生各種悲劇吧？

但是以長遠眼光來看，文化形成過程像這樣繼續轉變下去，對我們的文化而言絕對不是壞事，我想恐怕短期內最大的問題會是在於「配錯對」的發生吧？所謂「配錯對」，就是錯誤的訊息到達——好的內容無法確實地傳送到正確的閱聽者或消費者手上。

但是這些配錯對的問題遲早都會被解決的，這正是本書描述至今所強調策展這個觀點所擁有的可能性。

大眾媒體沒落，前往多元文化發聲的時代

這就是資訊交換的典範轉移，大眾媒體的內容傳播力量沒落，而另一方面共享內容的平台全球化，並逐漸變成強大的基石。我們在這個強大且全球化的平台上形成無數個社群，並在其中產生出無數個策展人，所有的地方都有策展人棲息其中，我們在那些策展人的觀點打卡，藉此獲得來自四面八方全方位的資訊。

在全球化的平台上，存在著無數個由內容與策展人，以及受其影響的跟隨者等所形成的小規模組件，這樣的生態系統於是誕生。

這將會帶來什麼呢？

首先，不會再像以往一樣，讓全球所有的人只接受好萊塢或大型唱片公司的內容，異於以往的另類內容的消費，如今也已經可以實現。

全世界的資訊傳送者將各種內容傳送至全球。

自己所在地的本土報導。

根源於自身民族的音樂、電影及書籍。

將深入於自身文化圈的深層內容向全球為數眾多的人發送傳播，已經變得可行，

而且這樣的內容不僅擁有相同國家或民族、地區的消費者，現在，還可能受到對其可以產生「同感共鳴」的全球文化圈的人們的接受與肯定。

在全球化的平台上，是受到更分眾化後的文化圈的內容可盡情自由流通的世界。

在各國各自縱向的資訊圈中，大眾媒體瓦解，發展出中型媒體（middle media）而將媒體分眾化。

然而另一方面，經過分眾化的中型媒體朝向全球化水平橫向地流動。

第一章中曾經介紹巴西的音樂家艾伯托・吉斯蒙提（Egberto Gismonti），聽吉斯蒙提音樂的人在日本國內散落地存在於幾個小小的社群，靜悄悄地存在著，屬於很微小的社群。

可是如果將眼光轉向全球，聽吉斯蒙提音樂的聽眾就高達數萬人、數十萬人或數百萬人之多，散佈在美國、日本、芬蘭、巴西和越南的社群，身為同屬「聽吉斯蒙提的聽眾」而形成一個共鳴空間，水平橫向地串連在一起。

素人，隨處可見

針對伊朗電影《海灘的那一天》，沢木耕太郎寫過如下的一段話。

「劇中人物與目前為止大部分的伊朗電影不同，既不是都市中的貧困階層，也不是鄉下的農民們。而是全世界隨處可見，受過高等教育的中產階級的男女。「當然，女性們會以蓋頭將頭髮遮起來，而且艾莉不見之後，陷入一團混亂的他們有各種發言對話，讓他們心底所抱持的傳統價值觀之類的想法展露出來，即使如此，這是一部無條件的『普通』電影的印象始終無法消除。」

沢木所說的「普通」，指的是「受過高等教育的中產階級」吧？也就是說，不論是伊朗電影還是美國電影，甚至日本電影，同樣描寫「受過高等教育的中產階級」，現在誕生的故事是屬於這個階層的人們會有同感的。

也許算是比較偏視聽類的觀感，但說的誇張些，在一九八〇年代之前，大部分的日本人都看美國電影，而對白種人觀感極佳而抱有憧憬。另一方面，對伊朗等第三世界的電影，則是訝異於其中所表現貧困且受壓抑的生活，與自己生活完全不同，無可否認地，抱著某種優越感去觀賞的心態。然後，在日本電影中所出現貧困的年輕人則與自身境遇重疊，從中感覺到帶有土臭味的真實感。

然而，現在即使是日本國內也一樣，都市與地方，富裕階層與貧困階層的文化日漸分離，「受過高等教育的都會中產階級」與「未受過教育的地方勞工階層」現在已經形成完全相異的文化圈。這麼說可能赤裸裸地很殘酷，但是，這正是二〇一〇年日本實際現狀的寫照。

不，說不定，「一個國家的國民全體共享相同的文化」這個想法本身，原本就是個妄想也說不定，這個妄想曾經短暫成立過的，就只有在太平洋戰爭後非常短的一段時期而已。

舉個例子來證明吧。

社會學界的泰斗加藤秀俊（Hidetoshi KATO）在雜誌《中央公論》一九五七年九月號中，曾發表過一篇散文，標題為〈戰後派的中間型性格〉。

在文中加藤氏介紹了一段去奈良做田野調查時，所發生「令人吃驚的經驗」。那段故事是這樣的：

「我用於拍攝紀錄照片的相機主要是柯尼卡（Konica）的II型那款照相機，村子裡的某個青年只看了一眼我的相機，就說『啊，和我的相機一樣嘛。鏡頭是二點八的吧』等，然後，就開始說起最近上市的富士能（FUJINON）鏡頭的明亮度等話題。」

讀到這裡，你可能會覺得對於生活在二〇一〇年代的我們而言，有什麼好「令人吃驚」的，完全摸不著頭緒。

加藤氏接下去的描述如下：

「我原以為這名青年會不會是哪家大地主的公子哥，結果並不是，他家的土地大約九十畝，白天他本身滿身泥濘地在田裡工作（順帶一提，根據最近日本全國統計結果，在一百個家庭中有四十二個家庭至少擁有一台相機，而且普及率還在上升當中）。也許這個村落屬於近郊村落，所以西化程度比較高，可是據最近才去採訪紀州深山鄉村回來的前輩說法，即使那種深山裡的村落，聽說年輕人們也是穿上等的西裝、跳社交舞、聽爵士樂、持有汽車駕駛執照等。

「就連在工廠工作的年輕男女也是，現在所過的生活體制與我們這些中產階級知識分子大部分都差不多，他們的合唱團與例如京都大學的合唱團一樣，唱著《流浪的人們》（*Zigeunerleben*），還有他們一定也是在假日去看完電影，回家時也和我們一樣，會去咖啡廳吃個冰淇淋之類的。女工們就算擁有一個耳環也沒什麼好奇怪的，女大學生等相約去看《天倫夢覺》（*East of Eden*）時，隔壁座位若坐著盛裝打扮的女工，恐怕也是很理所當然的事了。現在難以從女性們的嗜好或服裝判斷出職業，而且其難度是與日俱增，愈來愈高。尤其女性就像為家政學校異常擴張的事實背書一般，至少外觀上的職業上或身分上的差別，幾乎可以說已經完全消弭。」

雖然是戰爭結束十二年後日本社會民情的特寫，但所寫的內容著實令人驚訝，不是嗎？因為當時，農村的年輕人和都會區的「中產階級知識分子」屬於完全相異的文化圈，是極為理所當然的事情。

也就是說，雖然在該文章發表的前一年，日本政府在《經濟白皮書》中發表「現在已經不是戰後」的這句話很有名，但在那之後，帶有高度經濟成長時代色彩的「戰後社會」，在當時很可能根本就還沒開始呢！

戰後的藍天下出現的中間文化

但是，戰前在文化上斷開的都市與農村，知識階級與勞工階級的藩籬，在戰後明亮的藍天之下快速地被削除殆盡，而其中包含被美國化，且具有共通性的年輕人文化正快速地在日本社會中擴展開來。加藤教授在農村體驗到像這樣的中間化的新鮮感，而將那份驚訝的心情寫入散文中。

在那之後，全面論述媒體與文化而向世間發表大量著作的加藤秀俊，在當時還是弱冠的二十七歲。留學美國，師事於大衛・黎士曼（David Riesman；《寂寞的群眾：變化中的美國民族性格》〔*The Lonely Crowd*〕共著者），就讀於芝加哥大學（University of Chicago）的加藤秀俊，當時就已經很敏銳地感覺到日本在二次大戰結束之後，社會面臨快速的變化。

第二次世界大戰結束後五年之間，是政治熱門時期。一九四六年《中央公論》、

《改造》復刊，加上《世界》、《人間》、《展望》陸續創刊，綜合雜誌如雨後春筍般興起。

在戰爭中被破壞掉價值體系的空缺，該如何填補？日本要如何重建？

這些涉及未來發展與社會重建的大型議題，是國民之間日常討論的話題，這也成為高尚的政治理論普及到一般民眾的原動力。

可是這種從燒毀的殘骸中得到的解放感，在很短的時間內又縮起來了。因為下山事件、三鷹事件及松川事件（譯註：與日本國鐵相關的死亡、列車暴走、破壞鐵軌的事件，併稱為日本國鐵三大謎案）等負面的事件接連發生，並爆發韓戰，封閉感又慢慢地故態復萌。在進入一九五〇年代左右時，人心已經紛紛逃避遠離令人厭煩的政治，於是《平凡》《明星》《羅曼史》等娛樂演藝雜誌快速成長，小鋼珠店和舞廳、收音機的素人歌唱秀與益智節目全都飆出高人氣。

這樣的擺盪終於在一九五〇年代中葉，才開始有收尾的跡象，而從這個時期開始所產生出新的文化結構，還是二十多歲年輕人的加藤稱之為「中間文化」（譯註：一般稱為「次文化」）。不屬於過度激烈的政治思想，但也並非逃避政治的大眾文化。因為是屬於這種政治與大眾中間的文化，所以稱為中間文化。而負責扮演中間文化中要角的，是正好那時候開始出現的新書風潮和週刊這二種「新媒體」（New Media）。

所謂新書，是指將學術性及專業性領域中較難的課題統整成簡潔易懂的書籍，它不算是專業的書，但也不是純粹消遣的讀物，而是介於兩者之間的新類別書籍。

另外，像是在追隨這股新書風潮一般地，週刊的創刊達到顛峰，週刊中即使政治方面的報導，也以類似八卦消息的方式處理。報導絕對不涉及政治爭論之類的內容，只以大眾有興趣的部分為本位，而又能充分滿足人們對政治的好奇心。並不是對政治視而不見，而是將政治當作一種娛樂而且樂在其中的大眾文化，大概就是從這個時期左右開始的吧。

加藤為雜誌這種新的政治報導做下這樣的註解：

「綜合型雜誌的高尚志向與朝娛樂方向一面倒的精神兩者兼顧的漂亮妥協。」

當時，在日本國內誕生出很多這種屬於中間性質的新文化。

在歌劇與流行歌曲中間誕生出音樂劇，在高級餐廳與烤肉串攤販之間發展出Torys Bar（譯註：Torys是三得利推出的一款威士忌名稱，拜商品推廣策略所賜，在日本威士忌飲用人口的成長歷程上扮演重要角色），還有人生理論的流行、新藥熱、商品設計風潮、偵探小說的興盛、每月分期付款的普及化、漫畫熱潮，這些全都是夾在「高尚與娛樂」之間所產生出的中間文化。

另外，應該還包含了教育逐漸開始趨於平均為背景的高度經濟成長下，導致薪水差距縮小，此外還加上雜誌及新書等大眾傳播的方式在階級文化間形成的落差變小。

對於青春期在戰前階級差距極大的社會中度過的加藤而言，這些簡直就像在戰後藍天下所產生的令人眩目般耀眼的新文化吧？所以他也將之稱為「新市民階層」。

加藤表示：

「在為數眾多的市民群中，不僅包含月薪約三萬五千日圓的課長階級，擁有比較富裕的生活品質，也包含有月薪八千日圓的小鎮職員。不過，在我看來，他們可以共同寄託的社會文化乃至社會心理的單一基礎正逐漸開始成熟。」

中間文化已經消失

然而，進入二十一世紀，這種大眾型的中間文化就變得很脆弱而開始瓦解。關於其瓦解的軌跡，如同第二章所做的詳細說明，「月薪約三萬五千日圓的課長」與「月薪八千日圓的小鎮職員」共享相同文化的這個中間文化圈式微，而在以其為基礎上成立的大眾符號消費也逐漸消失當中。

所以，現在，各個文化再次正打算分別回到原來的地方。

月薪約三萬五千日圓的課長，朝向月薪與職位旗鼓相當階級的人們聚集的文化圈。

同樣地，月薪八千日圓的地方小鎮職員，朝向月薪相當的小鎮職員們聚集的文化圈。

當然不只是收入分開兩者，還有自己的工作、業界、生活場所、嗜好、生活中什麼是重要的這些優先順序（priority）的差異，以及人生目標的問題。

隨著文化圈像這樣經過分眾化後，各自所需要的資訊也大不相同。

而且這些資訊同時邁向全球化，稍早曾介紹過推特、iTunes或YouTube等跨越國界的各種平台林立的狀況，這類平台將資訊傳送的成本降低到極限，無論是先進國家或是開發中國家，任何的國家都可以輕易地傳送資訊，並且共享資訊。

在這樣的時代中，藉由搭上平台這一艘大船，很簡單地就跨越國界而進入相同的文化圈，比起住在同一個國家裡卻屬於不同文化圈的人，國家相異且語言也不同，但屬於相同文化圈的人，會感覺比較「近」，這就是這麼一個新世界。

沢木耕太郎針對電影《海灘的那一天》曾評論過「是全世界隨處可見，受過高等教育的中產階級的男女」，透過「受過高等教育的中產階級」這個文化圈，串連所有的國家，各國的差異因此消失。只要屬於相同文化圈的人，任誰都會對《海灘的那一天》產生共鳴，而可以抱持相同的感覺，這種文化形成的過程，在現今全球化的時代中正逐漸成形當中。

可是，當然我們是無法從自己身為日本人的根源、原生性、民族性這些東西逃脫出來的。這樣的話，這些源自民族的與生俱來的感覺，在全球化的平台上是否有完整地傳達給對方、真正做好訊息到達呢？

我們能夠共享吉斯蒙提的根源嗎？

我們將話題再帶回到第一章曾介紹過的巴西音樂家艾伯托．吉斯蒙提。

他從學習古典樂的巴黎回到巴西不久之後，就深入亞馬遜的深處，披荊斬棘地進入原住民的群聚之處，而且進入到很深層的民族性。

一九七七年，吉斯蒙提進入流經巴西北部的亞馬遜河支流欣古河（Xingu）流域的雨林中，與住在當地的亞瓦拉披提族（Yawalapiti）一起生活數週時間，亞瓦拉披提族的祭司（Shaman）與酋長教吉斯蒙提部落的音樂，經過這個經驗的啟發，吉斯蒙提立志於更自然的樂音製作上，讓他更進一步將目標放在追尋演奏樂器的自身與音樂，就連樂器也包含在內形成完美一體那種新的樂音世界。

這段經歷的成果結出的果實就是當年年尾錄製名為《驕陽》（*Sol Do Meio Dia*）的專輯。他在該專輯的封套上親自寫上如下的一段文章：

「叢林的響音，叢林的顏色和神祕感，日、月、雨、風、河川與魚，天空與鳥群。這些全部都完美融合成為音樂家、音樂以及樂器無法分割的一個整體。」

專輯中並沒有放入實際收錄到的叢林聲響，明明沒有使用那些特效技巧，只利用絕佳的技巧彈奏吉他及打擊樂器，就充分傳達叢林中潮濕的熱空氣與強烈的熱帶陽光。

但是像這樣所傳達出來的空氣感受，與吉斯蒙提本身在欣古河畔所感受到的空氣究竟一不一樣呢？還有，巴西人聽這張專輯時所感覺到的原住民的民族性，傳達到日本人聽眾的耳中的究竟有多少程度呢？

如果全球化的平台繼續普及下去，民族性與各國各自的獨特性是否都將失去？——也有人提出這樣的批判。例如好萊塢電影或美國的音樂，還有麥當勞（McDonald's）的速食及GAP的時裝襲捲全世界一般，全世界的年輕人都充份沉浸在美國出的電影及音樂環境中，穿著GAP的牛仔褲，吃著麥當勞的漢堡，就是所謂的文化帝國主義。藉由這些軟實力，新殖民地被美國的帝國主義侵蝕到深入骨髓了。

但是若要成立這樣的文化帝國主義，其實絕對必須獨占大眾媒體傳播的資訊。縮小資訊的提供管道，再沿著涓細的資訊傳播管道，帝國主義的文化如同超大豪雨般流瀉灌入。

請試著回想看看，日本戰後文化逐漸步入美國殖民地化也是因為大眾媒體大量灌注美國資訊所致。電視的廣告和雜誌都火力全開地宣傳美國文化的美好，於是勾起大家對於美國的憧憬。

從可口可樂的電視廣告看戰後文化

現在我手邊有二張ＤＶＤ，分別是《*The Coca-Cola TVCF Chronicles*》第一輯和第二輯，其中以時間順序收藏從日本可口可樂公司在過去播放過的大量電視廣告中精挑細選的廣告曲。第一輯是收錄從一九六二年的第一支廣告到一九八九年為止，第二輯收錄從一九七九年起至一九九九年為止的作品。

從頭到尾瀏覽這近四十年時光的流動，真是件非常有趣的事。

從一九六二年到一九七〇年代初期為止，廣告中出現的幾乎都是日本人，一九六〇年代中期代表人物是加山雄三（Yuzo KAYAMA；譯註：日本演員、歌星，也是作曲家及畫家），以衝浪、戈戈舞（Go-Go dance）熱舞舞會、賽車、滑雪等場合為舞臺，歡笑的男女們大家都在喝可口可樂。

「來喝可口可樂吧　可口可樂冰涼喝　可口可樂　可口可樂　大家一起可口可樂
清涼暢快　可口可樂」

唱著這些標語的廣告歌歌聲，一直持續盤旋在耳邊到近乎煩人的程度，雖然廣告中出現的都是一些現代人看到會覺得很土的日本年輕人，但無論哪個廣告中都充滿對美國文化的熱烈憧憬，那份過度正經、無條件的純真感，即使現在來看仍覺得炫目奪人、閃閃發亮到無法直視的程度啊！

電視廣告在一九六〇年代末期變為彩色，然後請來代言的是釜萢弘（Hiroshi KAMAYATSU）和比利・班班（Billy BanBan）這類民歌手，經過自然回歸風的嬉皮文化系列，到七〇年代中期以後快速地轉變為「舶來品」氣氛，播放格倫・坎伯（Glen Campbell）或文學體合唱團（The Stylistics）的音樂，到國外出外景的畫面也增多了，而且廣告中出現的代言人，逐漸從日本人變成偏混血兒長相的人。

到了一九七六年登場的Come on in Coke系列，則是完全在國外場景拍攝，廣告模特兒也全都是白種人，如果沒聽到電視廣告最後播放的日文旁白，恐怕完全無從得知究竟是哪個國家的電視廣告。

這個時期，可以說文化帝國主義已經完全占領了吧？

此一階段，進行輿論調查結果，變成有九成以上日本民眾回答「自己屬於中產階級」，可以推斷日本國民的中產階級意識已經根植於心了，也就是說，這是中產階級社會的完成期。在這樣的時代，與美國的文化帝國主義完成統治的時代重疊，這不是非常值得玩味的同步（同時性）嗎？

可口可樂的CM在進入一九八〇年代之後漸漸回歸日本，一九八二年之後以矢澤永吉、三原順子、松山千春、早見優這些日籍歌星的歌和影像為主，偶爾現身的模特兒也從「完全的白種人」再度回到偏混血兒長相的人。然後到一九八〇年代後半，日本人的年輕上班族和粉領族OL在螢幕中手舞足蹈，載歌載舞，轉變為謳歌人生的風格，這時候，泡沫經濟時代已經到來：

「這不是第一次啦　因為可以預見笑容　每天都新鮮的可口可樂　清爽口感　I feel Coke!」

這種超級天真、無憂無慮的歌詞，彷彿正象徵著泡沫時期。

一九八八年還出現在絢爛豪華的夜晚街道上，情侶在約會的時候喝著可口可樂的電視廣告，這個像拉斯維加斯般的街道其實完全是造景所創造出的虛擬街道，這個時候差不多是泡沫時期的頂點吧？後來從進入一九九〇年代開始，那份天真無憂的樂觀逐漸悄悄地蒙上陰影，出現以《鬥陣俱樂部》（*Fight Club*）和《火線追緝令》

（*Seven*）等電影聞名的鬼才導演大衛・芬奇（David Fincher）所製作不知所云的電視廣告等等，可口可樂的電視廣告文化慢慢陷入低潮，與日本泡沫崩壞，一起進入失落的十年。

文化帝國主義開花的時代

完全是依附於時代，與時代同步描繪的電視廣告。

先不提經濟層面，在文化層面上，一九八〇年代的泡沫時期對於日本生活文化而言，成為一個很大的轉捩點。隨著莫大的餘錢流入日本的同時，高檔的法國餐廳和義大利餐廳在都會區中到處林立，優質商品也增加了，生活文化的品質在瞬間大幅提升。人們心中「追上美國並超越美國」的觀念藉此而逐漸變淡，反而重新發現日本的文化，很多人再次開始去確認屬於「和風之美」。

當然，話雖如此，好萊塢電影或美國的流行樂倒也不是在日本國內就此廢棄。這些內容在之後還是抓住了大多數民眾的心，保持為廣大市場繼續發展下去。

只是在一九七〇年代之前的那種「美國文化在日本文化之上」的觀念到了一九八〇年代之後就快速變淡。這一點從可口可樂的電視廣告的變遷也可以明顯看出，畢竟主要出現的都是日本人。相反地，還出現一些日本年輕人跑去美國，單手拿著可口可樂，昂首闊步走在洛杉磯街道上，或是騎著越野機車在荒野上奔馳之類的畫面，如果說這些畫面象徵著當時日本經濟政策欲大量收購美國土地，並打算對美國投進資本等情況，不是很貼切嗎？

一九八〇年代之後，「西洋音樂在日本音樂之上」的殖民地觀念已經逐漸消失，而進入可以公平地評價海外文化與日本文化的時代。

在此稍做統整。

美國文化帝國主義於一九七〇年代之所以會在日本成形，是因為當時滿足下述二項條件：

一、在經濟不斷成長的前端，聳立著美國這個優秀的帝國，「追上美國並超越美國」可以說是日本全國人民的妄想，而且成為大家共同的心願。

二、藉由大眾媒體所散播類似洪水般的美國資訊氾濫，結果引發日本民眾對美國文化的憧憬。

但是，日本的經濟發展在一九九〇年代呈現停滯，「全球第二大經濟體」的寶座又於二〇一〇年被中國奪走，日本人拚命想追上美國的願景藍圖也已經瓦解。

而且，大眾媒體的崩壞正快速進展當中。由於大眾媒體所提供的資訊有限而養成閱聽者對資訊感覺飢渴的時代已經結束，從網路流入大量資訊的時代已經到來。而且那些大量的資訊是在部落格、社群網站、推特、YouTube、或iTunes這些網際網路的全球化平台上流通。如之前所說明，由於自平台上傳送內容幾乎不需要成本，所以只有掌控資訊傳播瓶頸的先進國家才能統治資訊的那幅藍圖，現在已經無法適用了。

別說先進國家想統治了，恐怕在平台上，地方性的本土資訊的重要性反而會有增加的趨勢。

全球聞名的廣告創意總監亞歷山大·格爾曼（Alexander Gelman）提出稱為「後全球化時期」（post-global）的概念。

格爾曼於一九九〇年確立他極簡且最施以小程度設計的風格，這種極簡風的呈現跨越國界，受到許多國家人們的喜愛，所以一般評價為全球化時代的設計代表。

無論對哪一國的人來說，都覺得看見格爾曼的設計展現出自己國家的民族特性而可接受。

瑞典人認為格爾曼的簡潔而明快的手法屬於北歐式思維，瑞士人將格爾曼幾何學型的設計視為與瑞士風格相同，荷蘭人在格爾曼的設計中找到與自身相同的毒舌式幽默感。英國人的設計師自認格爾曼的酷而帥氣的特性非英國莫屬，而日本人則看見格爾曼的纖細洗練的空間美學正是和風的最佳展現。

他說：

「只要是感動心靈的物品，無論屬於什麼文化都會有共鳴。所謂真正的全球化並不是統一或擴大，而是在人類原生根基的部分可以相通的感動。」

以全球化「嫡傳子」之姿，精闢剖析新設計的格爾曼正因為已經到達全球化文化的最前端，所以才能預測到其未來的「反轉」。

藉由接受歷史、地理及文化的多樣性，複數個系統及模式共存並進化且互相影響，然後再分裂與融合下去，這就是新的文化世界。也就是說，所謂資訊在全球化平台上傳播流通，就是指醞釀出其中包含著多樣性（diversity），而且自立、共生、共存，發展出地方文化的集合體。

全球化是否招致統一化？

「是不是真的有這樣的可能性呢？文化的多樣性將消逝，大家會不會都只被單一的文化所吞噬呢？」恐怕還是有不少人抱有這樣的疑問吧？

一般提到全球化，可能會想到是指如同跨國企業或帝國主義般的國家，以全球化的產品壓迫並侵蝕各國本土產品的過程。比方說，麥當勞的漢堡這些速食就是餐飲全球化的典型案例，從食材到做法，待客等所有的一切都複製到世界各國，藉由標準作業手冊達成有效率之生產及消費的全球化。但是另一方面，原本的餐飲是具有結合特定場所（國家或地區）和時間的固有特質。好比說在日本，有句話說「身土不二」，意思是當地可取得的食材對身體比較好，也代表佛教的思想之一（譯註：身指的是迄今為止行為的結果，亦為正報。土指的是身處的環境，亦為依報，兩者無法分開）。還有「地產地消」（譯註：在當地消費當地產品）、「時產時銷」（譯註：日文漢字為「旬產旬銷」，意指當季消費當季盛產的食材）這樣的說法。或者也有由義大利開始流行的「慢食」（Slow food）運動。另外也有重新檢視當地傳統的飲食文化及食材的活動。

無論哪一個，都是在當地的土地上可取得的當季食材，是屬於只有在那個時間和空間中才能產生的唯一的產品，而這個產品的消費者要好好地品嘗，飲食與人類之間的良好關係才算成立的想法。也就是其中存在著「一次性」。

何謂「一次性」呢？也許可以換成一生一遇（一期一會）這種更好聽的說法，也就是指不會再次重現，一生只限當下這次寶貴的唯一邂逅。正因為是一次性，人與人的相遇才顯得更可貴，而人與食材的相遇也顯得美好，抱著「現在這個瞬間才有的相遇」這種感恩心情把握當下，品嚐當地當季所取得的食材，這也是隱含於日本飲食文化根基中的美學。

這與大量生產並大量販賣下，將消費者只當成「數值」看待的標準作業化速食互不相容，在麥當勞的世界裡，完全找不到珍貴性或與消費者「一次性」的相遇，無論在哪個國家或無論什麼時間去到店裡，他們總是提供相同狀態且相同味道的漢堡，食材取自哪裡，或是什麼時候取得的生產履歷資訊全部都被抹殺，這些資訊與消費者之間完全不存在任何的警戒張力。吃漢堡的顧客當然也沒想過「一生僅此一次的相遇」等等，而相信「只要去麥當勞，昨天、今天和明天都可以吃到相同味道的漢堡」這種可重複性。店家方面對於這一點也是掛保證的態度。

然而——

全球化＝速食文化＝統一化

這樣的想法就未免太過於刻板了，這個說法，對於全球化網際網路所產生出來的新系統實在太不了解了。

其實，歷史已經證實文化的全球化平台可以更加提高文化的多樣性，並產生出新的文化。

蒙古帝國平台

具有透明感的白瓷，上面以鮮豔的藍色染繪紋飾圖樣的容器，是日本人愛好的陶瓷器之一。

這種染繪紋飾在中國叫青花，實際上，源始於蒙古帝國。

瓷器原本是在中國產生的技術，相較於陶器是用一般的黏土以相對低溫燒製而成，所以容易破損，瓷器是使用含有大量矽酸鈣的高嶺土這種特殊黏土，以高達一千三百度的高溫燒製，所以較為堅硬，具有表面如金屬般冷冽觸感的特徵。

在西元六世紀左右誕生的中國瓷器有二大潮流，分別是青綠色的青瓷與可透光般的白瓷。青瓷主要產於華中和華南地區，白瓷則在華北一帶製作。

尤其白瓷價高被視為貴重品，據說宮廷祭祀典禮用的容器一定使用白瓷。完全不添加多餘的花樣顏色等，達極簡風格極致的白瓷。其中也許結合入中國人當時認為神聖的意象也說不定。所以十至十二世紀的宋朝，白瓷上始終都完全沒有施加任何的紋飾。

原因除了在白瓷美麗的表面沒有想要加上多餘的花樣之外，也由於當時還沒有為白瓷上色的工藝技術。

但是，到了蒙古統治中國的元朝，突然就出現了在白瓷上描繪藍色花樣的青花。

現在所留存最古老的青花瓷是英國戴維德財團（Sir Percival David Foundation of Chinese Art）所收藏的一對青花雲龍紋象耳瓶，在這個高六十三點八公分的花器表面，畫有如同面對面舞動的雙龍，實在是相當漂亮且完成度極高的作品。花瓶的頸部寫有銘文：「信州路玉山縣順城鄉德教里荊塘社　奉聖弟子張文進喜捨香炉花瓶一付　祈保合家清吉子女平安　至正十一年四月良辰謹記　星源　祖殿　胡淨一元帥打供」，由於當時盛行道教，這些銘文意指有一位道教信徒張文進，為祈求家人平安，而將這個花器捐獻給寺廟，也有「至正十一年」的紀年字樣。

至正十一年是西元一三五一年，正值蒙古統治中國大陸的元朝末期，在這個時期可以製作出完成度如此高的青花瓷，一般估計青花瓷的技術應該是在更早之前，大約元朝最興盛的時期就已經確立了吧？

究竟為什麼這種青花會突然在蒙古帝國時代出現呢？

青花瓷產生的背景在於蒙古帝國所建構的龐大經濟與文化平台。蒙古人是在北方草原上遊牧的騎馬民族，於十三世紀從中國往中亞、阿拉伯、印度直到東歐，幾乎整個歐亞大陸都囊括在其版圖之內，建立起龐大的通商系統。

蒙古人以強大的軍隊實現了征服世界，但卻不善於經商，所以取而代之地重用伊斯蘭商人與中亞的維吾爾商人，並將這兩大勢力的企業家財團編組入帝國行政，製作叫做「斡脫」（Ortogh）（譯註：土耳其語，商隊、夥伴的意思）的商業組織，給予帝國強有力的後盾。

當時，斡脫可以優先使用帝國以公費進行維持管理的陸路、水陸和海陸等交通運輸系統。像這樣，原本屬於對立關係的伊斯蘭和維吾爾兩方勢力共同合作為商業的發展注入全力。

蒙古帝國甚至讓中原的漢族從事財政會計等行政事務，並將其與斡脫結合為一體，就連以阿拉伯海為據點相當活躍的海上企業集團，也透過伊斯蘭的斡脫與帝國連結，帝國的生態系統（ecosystem）就這麼一步步逐漸地建立起來。

講到中世紀的帝國，我想通常都會認為應該是對農業等強制性地課徵龐大的稅金，以維持財政的案例比較多，像日本的江戶幕府收取的年貢等，就是典型的例子。

不過，元朝幾乎不期待來自農業的稅收，而徹底採取重商政策，由鹽業專賣與貿易的營利中抽取利潤，據說，歲收的百分之八十至九十是來自專賣與通商，著實令人驚訝。

最大的收入來源是帝國專賣品中可兌換鹽的有價證券「鹽引」的營業額，雖然鹽引本身是原本就存在於中國的制度，但帝國的官僚們將鹽引與當時非常貴重的白銀連結，也就是當作代用貨幣進行流通，這些收入一般用於支付公益事業，成為強有力的金融系統而支持著帝國的財政。

另外，元朝還建立了間接稅制度。

在蒙古帝國之前的歐亞大陸上，就算想要進行交易，在大陸上的移動就是一大困難。在稱為乾草原（steppe）的大草原地帶，便於移動，但其中隨處都有強盜出沒，當地的部落在隨到之處強取關稅，類似現在的索馬利亞沿岸，草原上有許多以綁架人質勒索贖金為生計的盜匪橫行。

話雖如此，但若要避開乾草原，則除了攀爬過天山山脈被雪封閉的嚴峻山壁，或抱著必死的決心穿越戈壁沙漠之外，別無他途。但無論選擇哪一邊，都是九死一生的旅途。

但是，蒙古帝國開始統治歐亞大陸後，將乾草原上的盜匪掃除殆盡，並撤掉所有關稅，改成只要在最後販賣地繳交一次稅就可以的大型間接稅制度，再也不需要一次次強收稅金，所以讓歐洲、伊斯蘭與中國這些連結遠距離地區的貿易，瞬間活躍起來。

而且若交易上有問題產生的時候，可以向帝國在各地擁有領地的地主諮詢，也可以排解糾紛。

到了每年正月，元朝會以財政支為理由分給旗下的領主們白銀，而這些白銀將借貸給與領主王府有交情往來的斡脫，斡脫再將這些白銀作投入為資本展開貿易，元朝再從藉由貿易的循環所產生的財富，以營業稅與買賣有價證券的方式，吸取金錢回到國庫，然後這些錢再次由王族透過斡脫流入市場之中。

毫無疑問地，這根本就是近代信用交易的原理與資本主義的萌芽，像這樣的生態可是早在十三世紀的蒙古帝國元朝就已經誕生了，是不是很令人驚豔呢？

平台保護文化多樣性

而且蒙古帝國就是這樣統治經濟網絡之下，維持完全不介入各地區文化的態度，完全包容多宗教、多種族、多語言、多文化這四方面相異元素並存，並貫徹不干涉主義。

這樣的多樣性相較於其他帝國，真的非常明顯，比方說，亞歷山大大帝推廣希臘文化，曾致力於讓羅馬帝國的神殿、劇場和葡萄酒的文化更加普及。在大航海時代，西歐也強迫亞洲、非洲殖民地信仰基督教。

但蒙古帝國完全不曾推展任何文化上的活動。

這正是平台的最佳展現。

我對於平台的定義是：

第一，具有壓倒性的市場掌管統治能力

第二，擁有非常方便好用的介面

第三，具有包容力，讓平台上的玩家們可以自由活動。

必須同時滿足這三項條件才能確立為平台，然後吸引大量玩家加入的生態系統就會逐漸繁榮起來。以現代來說，蘋果公司（Apple）具有方便好用的圖形式介面，進而投入智慧型手機市場，以iPhone這個劃時代的產品，轉瞬間就奪下那般亮眼的市占率。而且，利用稱為App store的應用軟體成立銷售流通系統，其中設立成為讓第三者（third party）可以靠研發並銷售應用程式賺錢的架構。這正是所謂的平台，目前在日本也出現很多藉由在App store銷售應用程式，而實現年收入破上億日圓的程式設計師。

就這個意義層面來說，蒙古帝國正是名符其實的平台。

第一，以壓倒性的軍事力量統治大部分的歐亞大陸；

第二，建構大型間接稅與代用貨幣形成高便利性的通商系統；

第三，貫徹不干涉主義，認同多元文化、宗教、語言，讓各民族發展各自獨特的文化。

藉此，蒙古帝國成為平台，結果豐富了文化多樣性，並且促進文化與文化之間新的融合。

其中，最具代表的例子，就是在蒙古帝國時代所產生的新瓷器技術——青花瓷。青花所使用鮮豔的藍色顏料稱為「回青」。所謂「回」指的是伊斯蘭。也就是在現在的伊朗和阿富汗一帶所開採的鈷，正是青花的顏料。

從伊斯蘭的藍，思考全球化時代的未來

伊斯蘭的藍色，看起來鮮豔奪目（以下稱為伊斯蘭藍）。

在這個時代，伊朗還沒有瓷器的原料，也還沒產生出瓷器的技術，但是大量使用鈷顏料，在青色上加上金色著色的陶器。由於陶器的顏色如同璧琉璃（青金石，lapis lazuli）一般，所以有些被稱為Lazubaldina，這種鈷藍色屬於伊斯蘭文化基調的顏色，用在各種地方。

土耳其伊斯坦堡有一座非常美麗的建築物蘇丹艾哈邁德清真寺（Sultanahmet Camii），俗稱「藍色清真寺」（Blue Mosque），內部的壁面砌滿亮麗的藍色陶瓷磚，這裡用的也是伊斯蘭文化特有的鈷藍色。

像這種美麗的伊斯蘭藍結合中國自豪的白瓷，才產生出在白瓷上畫上青色花樣的青花瓷。也就是說，當白瓷遇上鈷藍，當愛好單一色調的漢民族遇上喜愛色彩與裝飾的伊斯蘭文化，誕生出青花瓷這樣的奇蹟。然而，如果缺少可以包容伊斯蘭或漢民族各自擁有的文化，並能容許各種多樣化的內容流通之蒙古帝國的平台，恐怕，也沒有青花瓷的誕生吧？

全球化絕對不等於統一化。

若能確立容許多樣性存在的平台，那麼在保持我們文化多樣性的同時，也將可以與別的文化融合，而產生出新的文化。而那些未被發現的新文化，就靠策展人不斷地持續新發現了——。

在這個前方，究竟我們將揭開什麼樣的序幕呢？

在像這樣增加多樣性的全球化社會中，策展人所持有的觀點將如何變化下去，這當中我們的共鳴會如何相互傳遞下去？這分共鳴是否將跨越國界而與其他民族串連，製作出新的相接空間呢？全球化的觀感與地方性觀感要如何並立，如何相輔相成，如何融合呢？

還有，未來的世界，將會變成什麼樣的風景呢？

這些都是在現在這個時間點上，還不知道的事。但是，我們現在正站在這種資訊在全球化平台上流通的新世界的入口，這是錯不了的。恐怕，往後幾十年之間，這個包圍我們的媒體環境，將有讓人意想不到的變化吧？

後記

在巨大社群媒體平台上，全球資訊流通著。

許多資訊社群，在平台上形成。

還有，無數的策展人，與這些社群連結，並提供觀點。

以及，為數眾多的跟隨者們，在那些策展人的觀點上打卡，接收資訊。

在全球化的平台上，存在著由內容與策展人、以及受其影響的跟隨者等形成無數個小規模的組件（module）。這樣的關係經常在重組更替，並從外部傳來新鮮的資訊。

這樣的生態系統，於焉誕生。

上述是本書中描述資訊的未來願景。

演進到這樣的世界，舊式傳播資訊的常識將完全無法適用了吧？

透過大眾媒體控制資訊的傳統「廣告」，即將滅亡。

提供大眾媒體記者共通新聞稿的「通訊社」，也在無數個社群成立之間失去其意義。

無論廣告或公關活動，甚至是促銷全都逐漸形成一體，組成投資組合以分散「如何可向適切的社群傳遞資訊、精確完成訊息到達」、「該如何將資訊發送出去」這些問題風險，我認為恐怕唯有能進行適切諮商的廣告業者才能繼續生存下去。

在廣告及媒體業界，每天都在針對社群媒體的興起，想方設法地討論各種作戰策略，有人說「今後是部落格的天下」，就熱心舉辦部落格相關活動；途中聽說「現在換成推特熱了！」，就一股腦地投入推特行銷（Twitter Marketing）；然後，當臉書正式啟動的時候，又跟著喊「推特也過時了，今後是臉書當道」。

但是，像這樣如同無頭蒼蠅般一窩蜂跟進，就算採用短期戰術，也很快就會過時而被淘汰了。

重要的是要觀察未來將出現什麼樣的願景，那是以社群媒體為主軸的資訊流通管道將會演變為如何分布的全貌。

應該確實地了解該願景，以該願景的架構為目標，擬定中長期性策略。

現在的媒體和廣告業界的因應方式，根本談不上「策略」的程度，只是單純四處賣弄廣告「戰術」而已。

只針對個別的情況相互競爭「用這個辦法應該會很順利」、「這次的做法應該會被接受」這類行銷手法，也許有一小部分的情況剛好可適用，但正確掌握資訊流通全貌究竟將何去何從的人，實在少之又少吧？

總之，唯一「不變」的就是「變」——一切都在變，相信十年之後，在我們眼前呈現的又將是與現在完全不同的世界吧？屆時包含媒體、廣告，以及我們這些消費者，也許都將生活在和現在完全不同的新世界中。

我們會一直等到那一天的來臨。

佐佐木俊尚

二〇一〇年十月二十八日

參考資料

【書籍】

《巴西之音》（暫譯，原書名*The Brazilian Sound*），克里斯・麥高恩（Chris McGowan）、理查德・貝桑耶（Ricardo Pessanha）合著，SHINKO MUSIC ENTERTAINMENT CO., LTD.，二〇〇〇年

《Johnny B. Good Job：音樂人群像》（暫譯，原書名『ジョニー・B・グッジョブ　音楽を仕事にする人々』），濱田淳，株式會社KANZEN，二〇一〇年

《爵士樂最終章》（暫譯，原書名『ジャズ最終章』），小野好惠著，川本三郎編，深夜叢書社，一九九八年

《小型棲地花園：在庭院或陽台享受水生植物與生物的樂趣》（暫譯，原書名『小さなビオトープガーデン　庭やベランダで水辺の花と生き物を楽しむ！』），泉健司，主婦之友社，二〇〇五年

《不可能性的時代》（暫譯，原書名『不可能性の時代』），大澤真幸，岩波新書，二〇〇八年
《目光的地獄：無止境生存的社會學》（暫譯，原書名『まなざしの地獄　尽きなく生きることの社会学』），見田宗介，河出書房新社，二〇〇八年
《無知的淚（增訂新版）》（暫譯，原書名『無知の涙　増補新版』），永山則夫，河出文庫，一九九〇年
《木橋》（原書名『木橋』），永山則夫，河出書房新社，一九九〇年
《為什麼啊？大海》（暫譯，原書名『なぜか、大海』），永山則夫，河出書房新社，一九八九年
《眼淚的手槍殺人魔：永山則夫與一九六〇年代》（暫譯，原書名『涙の射殺魔　永山則夫と六〇年代』），朝倉喬司，共同通信社，二〇〇三年
《倒楣的年輕人》(1)(2)（暫譯，原書名『アンラッキーヤングメン』），藤原Kamui、大塚英志合著，角川書店，二〇〇七年
《解讀ATG電影》（暫譯，原書名『ATG映画を読む』），佐藤忠男編著，FILM ART社，一九九一年
《新中間大眾的時代》（暫譯，原書名『新中間大衆の時代』），村上泰亮，中央公論社，一九八四年
《日本的雜誌廣告（一九六〇年代、一九七〇年代、一九八〇年代）》（暫譯，原書名『日本の雑誌広告』60s、70s、80s），PIE BOOKS，二〇一〇年

《廣告》雜誌特集〈擁有新價值觀的年輕人們〉（暫譯，原名：『広告』特集「新しい価値観をもつ若者たち」），博報堂，二〇一〇年十月號

《派得上用場的廣告》（暫譯，原書名『使ってもらえる広告』），須田和博，ASCII新書，二〇一〇年

《我們消費：嘉年華會化社會下的巨大商機》（暫譯，原書名『わたしたち消費　カーニヴァル化する社会の巨大ビジネス』），鈴木謙介、電通消費者研究中心，幻冬舍新書，二〇〇七年

《清貧思想》（原書名『清貧の思想』），中野孝次，草思社，一九九二年（繁體中文版：張老師文化，李永熾譯，一九九五年）

《新版　利休百話》（原書名『新版　利休百話』），筒井紘一，淡交社，一九九九年

《池坊　向花傳書學習》（暫譯，原書名『池坊　花傳書に学ぶ』），神內曙光，日本華道社，一九八九年

《生活紀錄》（暫譯，原書名 *Total Recall: How the E-Memory Revolution Will Change Everything*），高登・貝爾（Gordon Bell）、吉姆・傑梅爾（Jim Gemmell），早川新書，二〇一〇年

《生命新觀點：所謂活著的狀態究竟是什麼？　增補版》（暫譯，原書名『生命を捉えなおす　生きている状態とは何か』），清水博，中公新書，一九九〇年

《白》（原書名『白』），原研哉，中央公論新社，二〇〇八年（繁體中文版：木馬文化，李茶譯，二〇一〇年）
《新版　今日的藝術　創造生活的能量源泉》（暫譯，原書名『新版　今日の芸術　生活を創造するエネルギーの源』），岡本太郎，光文社，一九六三年
《反藝術的紅豆麵包》（暫譯，原書名『反芸術アンパン』），赤瀬川原平，筑摩文庫，一九九四年
《俄羅斯的前衛藝術》（暫譯，原書名『ロシア・アヴァンギャルド』（*Russia Avant-garde*）』），龜山郁夫，岩波新書，一九九六年
《俄羅斯的前衛藝術與二十世紀美術革命》（暫譯，原書名『ロシア・アヴァンギャルドと20世紀の美的革命』），威力・米利馬儂弗（Vil' Borisovich Mirimanov），未來社，二〇〇一年
《現代藝術經濟》（暫譯，原書名『現代アートビジネス』），小山登美夫，ASCII新書，二〇〇八年
《異鄉人》（*L'Etranger*），阿爾貝・卡謬（Albert Camus），新潮文庫，一九五四年（繁體中文版：麥田出版，張一喬譯，二〇〇九年）
《傳播學講義：從媒介學到資訊社會》（暫譯，原書名『コミュニケーション学講義　メディオロジーから情報社会へ』），丹尼爾・布尼歐（Daniel Bougnoux），書籍工坊早山，二〇一〇年

《行銷3.0：與消費者心靈共鳴》（*Marketing 3.0: From Products to Customers to the Human Spirit*），菲利普・科特勒（Philip Kotler）等著，朝日新聞出版，二〇一〇年（繁體中文版：天下雜誌，顏和正譯，二〇一一年）

《加藤秀俊作品集六：世代與教育》（暫譯，原書名『加藤秀俊著作集6：世代と教育』），加藤秀俊，中央公論社，一九八〇年

《壽衣的編織者：超越大屠殺創傷的藝術家Rosemarie Koczy作品集》（暫譯，原書名『経帷子の織人　ホロコーストのトラウマを生き抜いたアーティスト　ローズマリー・コーツィ作品集』），宮脇畫廊，二〇〇九年

《藝術工作坊的藝術家們：來自瑞士的懷德精神醫院》（暫譯，原書名*Kunstwerkstatt: artists from the Waldau*）宮脇畫廊，二〇〇九年

《DNA樂園》（暫譯，原書名『DNAパラダイズ』），Hata Yoshiko編著，財團法人日本智力障礙者福祉協會，二〇〇三年

《素人藝術的世界：東方與西方的原生藝術》（暫譯，原書名『アウトサイダー・アートの世界　東と西のアール・ブリュット』），Hata Yoshiko編著，紀伊國屋書店，二〇〇八年

《世界的次文化》（暫譯，原書名『世界のサブカルチャー』），屋根裏等著，翔泳社，二〇〇八年

〈素人藝術〉（*Outsider Art*），羅傑・卡地諾（Roger Cardinal），Praeger Publishers，一九七二年

《美術手帖》特集《素人藝術的喜愛之道》（暫譯，原書名『アウトサイダー・アートの愛し方』），美術出版社，二〇〇九年七月號

〈聖阿道夫二世的王國建設：阿道夫・佛福利（Adolf Wölfli）的一九二〇年代〉（暫譯，原名〈聖アドルフ二世の王国建設　アドルフ・ヴェルフリの二〇年代〉）收錄於《新裝版　愚者的機器學》（暫譯，原書名『新装版　愚者の機械学』），種村季弘，青土社，一九九一年

《特集　素人藝術》（暫譯，原書名『特集アウトサイダー・アート』），ATELIER THIRD，二〇〇七年

《素人藝術　現代美術所遺忘的「藝術」》（暫譯，原書名『アウトサイダー・アート　現代芸術が忘れた「芸術」』），服部正，光文社新書，二〇〇三年

《藝術創業論》（原書名『芸術起業論』），村上隆，幻冬社　二〇〇六年（繁體中文版：商周出版，江明玉譯，二〇〇七年）

《夏卡爾與俄羅斯前衛藝術的交會　交錯的夢與前衛》（暫譯，原書名『シャガール ロシア・アヴァンギャルドとの出会い　交錯する夢と前衛』），朝日新聞社，二〇一〇年

《原生藝術：熱情與行動》（暫譯，原書名『アート・ブリュット　パッション・アンド・アクション』），小出由紀子編著，求龍堂，二〇〇八年

《BORO　補丁、拼貼、活用。青森的BORO布文化》（暫譯，原書名『BOROつぎ、はぎ、

いかす。青森のぼろ布文化』），小出由紀子編著，ASPECT，二〇〇九年

《平行觀點：二十世紀美術與素人藝術》（暫譯，原書名 *Parallel Visions: Modern Artists and Outsider Art*），莫里斯・塔奇曼（Maurice Tuchman），卡洛・S・伊利爾（Carol S. Eliel）編著，淡交社，一九九三年

《旅行的彩虹：Joseph E. Yoakum 的生平與藝術》（*Traveling the Rainbow: The Life and Art of Joseph E. Yoakum*），戴洛・B・帝佩斯（Derrel B. DePasse），美國民間藝術博物館／紐約　密西西比大學出版社／傑克遜（Museum of American Folk Art / New York, University Press of Mississippi/Jackson），二〇〇一年

《素人藝術的作家們》（暫譯，原書名『アウトサイダー・アートの作家たち』），大西暢夫，角川學藝出版，二〇一〇年

《亨利・達戈：不真實的國度》（*Henry Darger: In the Realms of the Unreal*），約翰・麥奎格（John McGregor），作品社，二〇〇〇年

《世界探險全史》（上）（下）（暫譯，原書名『世界探検全史』），費利佩・費南德・阿門斯多（Felipe Fernandez-Armesto），青土社，二〇〇九年

《元明時代的青花　中國的陶瓷⑻》（暫譯，原書名『元・明の青花　中国の陶磁⑻』），中澤富士雄、長谷川祥子合著，平凡社，一九九五年

《世界是平的》（*The World is Flat*），湯瑪斯・佛里曼（Thomas Friedman），日本經濟新聞社，

二〇〇六年（繁體中文版：雅言文化出版，楊振富、潘勛譯，二〇〇七年）
《消失的現代性：全球化的文化向度》（*Modernity at Large*），阿君・阿帕度萊（Arjun Appadurai），平凡社，二〇〇四年（繁體中文版：群學出版，鄭義愷譯，二〇〇九年）
《Alexander Gelman：後全球化　超級設計師看日本》（暫譯，原書名『アレクサンダー・ゲルマン：ポストグローバル　スーパーデザイナーが見る日本』），全球性地方媒體編，PHP研究社，二〇〇九年
《蒙古帝國的興亡》（上）（下）（暫譯，原名『モンゴル帝国の興亡』），杉山正明，講談社現代新書，一九九六年
《從遊牧民族看世界史》（暫譯，原書名『遊牧民から見た世界史』），杉山正明，日經商業文庫，二〇〇三年
《NHK特輯　文明之道⑸蒙古帝國》（暫譯，原書名『NHKスペシャル文明の道⑸モンゴル帝国』），NHK「文明之道」企畫，NHK出版，二〇〇四年
《堺屋太一解讀成吉思汗的世界》（暫譯，原書名『堺屋太一が解くチンギス・ハンの世界』），堺屋太一，講談社，二〇〇六年
《社會的麥當勞化》（*The McDonaldization of Society: An Investigation into the Changing Character of Contemporary Social Life*），喬治・里茲（George Ritzer），早稻田大學出版部，一九九九年（繁體中文版：弘智出版社，林祐聖、葉欣怡譯，二〇〇二年）

【電影】

《青春之殺人者》（暫譯，原名『青春の殺人者』），導演：長谷川和彥，主演：水谷豐、市原悅子，一九七六年

《赤裸的十九歲》（暫譯，原名『裸の十九才』）導演：新藤兼人，主演：原田大二郎、乙羽信子，一九七〇年

《猶瑟與虎魚們》（暫譯，原名『ジョゼと虎と魚たち』）導演：犬童一心，主演：妻夫木聰、池脇千鶴，二〇〇三年

《2:37》導演：穆拉利・K・塔爾利（Murali K. Thalluri），主演：泰莉莎・帕爾墨（Teresa Palmer）、喬・麥肯錫（Joel Mackenzie），二〇〇六年

《醉後大丈夫》（*The Hangover*）導演：陶德・菲利普斯（Todd Phillips），演員：布萊德利・古柏（Bradley Cooper）、艾德・赫姆斯（Ed Helms），二〇〇九年

《終「棘」警探》（*Hot Fuzz*）導演：艾格・萊特（Edgar Wright），演員：賽門・佩吉（Simon Pegg），二〇〇七年

《活死人之島》（*Survival of the Dead*）導演：喬治・羅米羅（George A. Romero），演員：艾倫・凡・斯普朗（Alan Van Sprang），二〇〇九年

紀錄片《赫伯與桃樂西》（*Herb & Dorothy*），導演：佐佐木芽生，主角：沃格爾夫婦（Herbert

& Dorothy Vogel），二〇〇八年

《海灘的那一天》（*About Elly*）導演：阿斯哈・法哈蒂（Asghar Farhadi），演員：格什菲・法拉哈尼（Golshifteh Farahani）、塔蘭妮・阿莉多絲蒂（Taraneh Alidoosti），二〇〇九年

《花子》導演：佐藤真，演員：今村花子，二〇〇一年

《變腦》（*Being John Malkovich*）導演：史派克・瓊斯（Spike Jonze），演員：約翰・庫薩克（John Cusack），一九九九年

【DVD】

《可口可樂電視廣告彙編》(1)(2)（暫譯，原名 *The Coca-Cola TVCF Chronicles*），Avex Marketing，二〇〇八年、二〇〇九年

《資生堂廣告》Vol.1, Vol.2（暫譯，原名『資生堂のＣＭ』），Avex Marketing，二〇〇九年

《*Skyline CM*收藏》（暫譯，原名『スカイラインＣＭ』）King Record + Sopwith Camel，二〇一〇年

《日本的素人藝術》(1)~(5)（暫譯，原名『日本のアウトサイダーアート』），ＮＰＯ法人晴陰，二〇〇八年

國家圖書館出版品預行編目（CIP）資料

Curation策展的時代：為碎片化資訊找到連結／佐佐木俊尚著；郭菀琪譯. -- 二版. -- 臺北市：經濟新潮社出版：英屬蓋曼群島商家庭傳媒股份有限公司城邦分公司發行, 2023.11

面；　公分. --（經營管理；98）

譯自：キュレーションの時代：「つながり」の情報革命が始まる

ISBN 978-626-7195-46-8（平裝）

1. CST: 資訊蒐集　2.CST: 資訊管理

028　　112016922